Thomas Weiß

# Drum wollen wir auch fröhlich sein

## Andachten und Gottesdienstentwürfe für die Passions- und Osterzeit

neukirchener

MIX
Papier aus verantwortungsvollen Quellen
FSC® C014138
www.fsc.org



Bibliografische Information der Deutschen Nationalbibliothek:
Die Deutsche Nationalbibliothek verzeichnet diese Publikation in der Deutschen Nationalbibliografie; detaillierte bibliografische Daten sind im Internet über http://dnb.d-nb.de abrufbar.


Umschlaggestaltung: Grafikbüro Sonnhüter, www.sonnhueter.com,
unter Verwendung eines Bildes von © Alexander Raths (shutterstock.com)
Lektorat: Rahel Dyck, Bonn
DTP: Breklumer Print-Service, www.breklumer-print-service.com
Verwendete Schrift: Myriad Pro, Chapparal Pro
Gesamtherstellung: Finidr, s.r.o.
Printed in Czech Republic
ISBN 978-3-7615-6591-9

www.neukirchener-verlage.de

# Inhaltsverzeichnis

# Auch fröhlich: Ein Vorwort

Und am Ende freuen sich alle! Das lässt sich ja fromm vermuten, darauf läuft's doch hinaus: Irgendwie schwer geht's in der Passionszeit zu, aber schließlich und endlich wird doch alles gut, an Ostern freuen sich alle.

*„Drum wollen wir auch fröhlich sein / das Halleluja singen fein / und loben dich, Herr Jesu Christ; / zu Trost du uns erstanden bist. / Halleluja."* So lautet die letzte Strophe von „Erschienen ist der herrlich Tag", dem Osterlied von Nikolaus Hermann aus dem Jahr 1560 (EG 106), die diesem Werkstatt-Buch zur Passionszeit und zu Ostern seinen Titel gegeben hat. Dieser Vorsatz, auch fröhlich sein zu wollen, lässt sich allerdings in zweifacher Weise verstehen.

So: Da sich an Ostern alle freuen – die Frauen am Grab (die es tatsächlich nicht getan haben), die Jünger und Jüngerinnen (die verwirrt waren), der ganze Erdkreis (der an Ostern von seinem Glück aber noch nichts wusste) und die himmlischen Heerscharen (die sich auffällig ruhig verhielten) – na, da wollen wir doch auch einstimmen, mitsingen, jubilieren und triumphieren.

Oder so: Jubel und Triumph bleiben uns regelmäßig im Halse stecken, weil auch nach Ostern nicht eitel Sonnenschein herrscht und die Wolken sich nicht wirklich verzogen haben. Dann wird dieses „auch fröhlich" zu einem Ausdruck der Sehnsucht. Wir wären gerne „auch fröhlich", wenigstens ab und zu, immer mal wieder. Es ist aber leider nicht einfach „alles gut" geworden, durch und nach Ostern.

Ich feiere die Passionszeit und das Osterfest sehr gerne, weil diese Kirchenjahreszeit genau das im Blick hat: Es ist nicht alles gut, und wir sehnen uns. Die Passion nimmt ernst, dass es an Leben mangelt, dass Entfremdung und Not unser Leben belasten, dass Menschen zweifeln und verzweifeln können. Sie nimmt es wahr und ernst und beurteilt es nicht. Vielmehr wird von einem Gott erzählt, wird ein Gott gefeiert, der menschlich und nah ist. Ostern aber ist die Antwort auf unser Sehnen, indem das Fest darauf verweist, dass es Hoffnung, Leben, Lebendigkeit tatsächlich gibt, mitten im menschlichen Wirrwarr, mitten in der menschlichen Not.

Passion und Ostern wissen von uns – und von der Menschlichkeit Gottes. *„Keins seiner Worte / glaubte ich, / hätte er nicht / geschrien: Gott, warum / hast du mich verlassen"*, hat der Göttinger Dichter Rudolf Otto Wiemer einmal festgehalten. Geschrien hat er, Christus, durch die Passionszeit hindurch, damit wir „auch fröhlich" sein können, dereinst mit allen Erlösten und der geheilten Schöpfung, aber „auch" schon hier und jetzt, nachösterlich und mitten im Beschwerlichen.

In diesem Werkstattbuch sind Gottesdienstentwürfe, Predigten, Psalmvariationen, Meditationen und Andachten – diese als „Zeiten der Stille", da es in Passion und Ostern vor allem ums Aufmerken und Lauschen geht – versammelt, die allesamt in Gemeinde und Gottesdienst erprobt (also gefeiert, gesprochen, gesungen und gebetet) wurden. Wer das Büchlein nutzt, nehme diese Angebote in seine liturgische und homiletische Werkstatt und gestalte nach seinen Notwendigkeiten, Überzeugungen und Leidenschaften.

Viele der vorgeschlagenen Lieder finden sich im Stammteil des Evangelischen Gesangbuches; sofern sie aus dem (in meinem Falle: badischen) Regionalteil entnommen wurden, habe ich die Fundstellen in anderen Regionalteilen exemplarisch benannt.

Fett gedruckt sind die gottesdienstlichen Elemente, in denen entweder die Musik eine besondere Rolle spielt (Präludien, Postludien, Instrumentalstücke) oder in denen die Gemeinde aktiv wird, singend oder mitsprechend. Ausgenommen davon sind die Wechselgebete zu

Beginn der Gottesdienste oder der „Zeiten der Stille“, in denen sich der Wechsel der Sprechenden von selbst versteht. Die sprachliche Bearbeitung respektive Übertragung der Psalmen, die Umdichtung des einen oder anderen Liedtextes habe ich – in eigener Verantwortung vor Tradition und moderner Sprache (und aktueller Gemeinde) – selbst unternommen.

Bleibt mir zu wünschen, die Entwürfe, Predigten und Gebete erführen einen – in bestem, alten Sinne – „gesegneten Gebrauch“, damit Liturginnen und Liturgen, Predigerinnen und Prediger in der Passionszeit und an Ostern „auch fröhlich“ sein mögen.

Baden-Baden, im Herbst 2018

Thomas Weiß

# Gottesdienste für die Passionszeit

# Advocatus Diaboli: Gottesdienst zu Invokavit

**Orgelvorspiel**

**Lied: Aus meines Herzens Grunde … (EG 443,1.2.6)**

Im Namen des Vaters und des Sohnes und des Heiligen Geistes – **Amen**

(Begrüßung)

Der Gott, der unsere Zuflucht ist, der Gott, der seine Arme auftut und wir finden Schutz, unser Gott, der sei mit euch – **und mit deinem Geist**

Mein Gott, auf den ich hoffe! Psalmgebet im Wechsel (Liturg*in/Gemeinde), nach Psalm 91:

**Bleib mit deiner Gnade bei uns, Herr Jesu Christ;**
**ach, bleib mit deiner Gnade bei uns, du treuer Gott.**
**(RWL 586, BEL 789.7)**

Wer unter dem Schirm des großen Gottes sitzt
und unter dem Schatten Gottes bleibt,
    der spricht zu Gott: Meine Zuversicht und meine Burg,
    mein Gott, auf den ich hoffe.

Er wird dich mit seinen Fittichen decken,
und Zuflucht wirst du haben unter seinen Flügeln.
    Seine Wahrheit ist Schirm und Schild,
    dass du nicht erschrecken musst vor dem Grauen der Nacht.

**Bleib mit deiner Gnade bei uns ...**

Denn Gott ist deine Zuversicht,
der große Gott ist deine Zuflucht.
    Es wird dir kein Übel begegnen,
    und keine Plage wird sich deinem Hause nahen.
Denn er hat seinen Engeln befohlen,
dass sie dich behüten auf allen deinen Wegen,
    dass sie dich auf den Händen tragen
    und du deinen Fuß nicht an einen Stein stoßest.

**Bleib mit deiner Gnade bei uns ...**

Gott spricht: „Er liebt mich, darum will ich ihn erretten;
er kennt meinen Namen, darum will ich ihn schützen.
    Er ruft mich an, darum will ich ihn erhören;
    ich will ihn herausreißen und zu Ehren bringen.
Ich will ihn sättigen mit langem Leben
und will ihm zeigen mein Heil."

**Bleib mit deiner Gnade bei uns ...**

Gott ist mein Licht und mein Heil,
vor wem sollte mir grauen?

**Ehre sei dem Vater und dem Sohn und dem Heiligen Geist,**
**wie es war im Anfang, jetzt und immerdar**
**und von Ewigkeit zu Ewigkeit. Amen**

Bitte beten Sie mit mir:

Ja, mein Gott, bleib bei mir,
bleib mit deiner Gnade bei mir,
die mich umfängt,
die mich befreit,
die mich aufschauen lässt und mich mutig macht,
bleib bei mir,
weil ich so müde bin,
weil ich mich um mich selber drehe
und mich gefangen nehmen lasse
von meinen Wünschen und Erwartungen,
von meiner Kraftlosigkeit.
Bleib bei mir, mein Gott,
bleib mit deiner Gnade bei mir.

**Kyrie eleison ...(EG 178.10)**

Gott hört uns und er schweigt nicht.
Und das ist es, was Gott uns zusagt:

Christus spricht: Seht nur, ich bleibe bei euch, bis an das Ende der Welt!
Amen

**Lied: Ach, bleib mit deiner Gnade ... (EG 347,1–4)**

Beten wir miteinander:
Unser Gott, der du uns kennst, der du um uns weißt,
um unsere Stärken und unsere Schwächen,
um das, was uns beglückt und wo wir versuchlich sind,
um unsere Grenzen und unsere Sehnsucht,
Gott, nimm uns an und berge uns,
dass unsere Stärken und Schwächen fruchtbar werden,

dass wir lachen im Glück
und reifen in der Herausforderung.
Das bitten wir dich durch Jesus Christus,
der unser Bruder geworden ist,
und der mit dir und dem Heiligen Geist lebt und wirkt,
von Ewigkeit zu Ewigkeit.
**Amen**

Schriftlesung: Hebräer 4,14–16

Gott spricht: Ich bin meines Volkes Heil, wenn sie rufen, so erhöre ich sie!
Amen

**Lied: Es ist ein Wort ergangen ...**
**(BEL 586,1–4.6, P 586, RWL 590)**

**Advocatus Diaboli – Predigt zu Matthäus 4,1–11**

Leite mich in deiner Wahrheit und lehre mich; denn du bist der Gott, der mir hilft. Amen

Wir hören auf Gottes Wort, aus dem Evangelium des Matthäus, im 4. Kapitel, die Verse 1–11.

Das überrascht mich jetzt schon sehr, liebe Gemeinde, fast ärgerlich ist das. Jetzt ist die Fastnacht doch vorbei – und ich habe nicht wirklich was dagegen (also, dass sie vorbei ist) –, Aschermittwoch liegt hinter uns, die Zeit der Hexen und Schlempen, der Kobolde und Geister ist doch vorbei! ... und schon ist er wieder da, der alte Tunichtgut, der Bocksfuß, der Teufel. Der ist nicht kleinzukriegen, der guckt hinter jeder Ecke hervor und drängt sich auf, gerade wenn ich's nicht vermute.

Aber, um ganz ehrlich zu sein, mir ist der teuflische Kerl nicht immer unwillkommen! Von Zeit zu Zeit seh ich den alten Teufel gern, den Hinkefuß, den Lucifer, weil er doch manchmal fast sympathisch ist. Er stellt die richtigen Fragen, er fordert heraus. Mir gefällt das schon irgendwie.

Und wenn ich sie mir genauer anschaue, die Bibel oder die jüdisch-christliche Tradition, so entdecke ich: Wenn sie vom armen Teufel sprechen, dann geht es, wo der Bocksbart springt, auch immer um den Menschen; wo Satanas sein Wesen treibt, dort geht es menschlich zu.

Hartnäckig kann er sein, der Lucifer, er stellt gerne infrage und will es genau wissen, er bohrt nach und lässt nicht locker, bis er Antwort hat – und eine seiner Lieblingsmasken scheint die des Anwalts zu sein, des Teufelsadvokaten. Sie kennen ihn ja aus der Umgangssprache, den Advocatus Diaboli, der unbeirrt weiterfragt, der den Teufel an die Wand malt und seinen Zweifeln, seinen Ängsten Raum gibt – um, das ist klar, um echte, befriedigende, beruhigende Antworten zu bekommen. Der Advocatus Diaboli, der Teufel mit der Anwaltskanzlei, der lässt sich nicht mit Halbheiten abspeisen, der lotet die Tiefen aus und lässt nur gelten, was wirklich hilft, was tatsächlich voranbringt. Und er kann dabei sogar frech werden und fordernd. Da ist der Teufel uns Menschen nah, weil auch wir nicht das halbe Glück, sondern das ganze Heil brauchen, weil auch wir nicht mit Beruhigungspillen zufrieden sind, wenn wir uns nach Ruhe für die Seele und sinnvollem Leben sehnen.

Gerade heute, gerade in der Wüste, gerade im Gespräch mit Jesus stellt Lucifer unsere Fragen! Der Advocatus Diaboli vertritt uns selbst im Streitgespräch mit Gottes Sohn!

„Bist du Gottes Sohn“, drängelt er in der Wüstenhitze, „bist du Gottes Sohn, dann befiehl doch, dass die Steine Brot werden!“ Etwas ironisch zwar und indem er ihn bei der Gottesehre nimmt, stellt Satanas aber die richtige Frage. Wäre es denn nicht wunderbar und eines Gottes würdig, Steine in Brot zu verwandeln? Denken Sie nur: Kein Hunger mehr, keine wirtschaftliche Ungerechtigkeit, keine Globalisierungsfalle! Keine Aktion „Brot für die Welt“ mehr, weil das Brot auf der Straße liegt wie Wachteln und Manna dereinst! Genug Brot, genug Reis, genug Wasser, das tägliche Auskommen für jedermann und jedefrau, ohne Sozialneid, ohne Klassenunterschiede. Warum ist Gott auf diese Idee eigentlich noch nicht selber gekommen? Braucht's dazu erst einen Teufel?

Ich gebe dem Mephisto zunächst einmal recht, vorläufig jedenfalls.

Und auch das zweite Anliegen, die zweite kritische Frage teile ich: „Lass dich doch fallen, Gottes Sohn, von der Zinne des Tempels herab, lass dich doch fallen, die Engel werden dich tragen!"

Wie gerne ließe ich mich fallen, wie gerne wüsste ich mich geborgen, unverbrüchlich, wie gerne wäre ich mir ganz und gar gewiss, dass mir nichts passieren kann, welches Schicksal mich auch trifft. Gott würde einfach alles fernhalten, was mich verletzten könnte, an gar keinen Stein mehr stieße mein Fuß, das Leben wäre sanft und freundlich und ohne Not, keine Blessuren mehr, kein Hals- und Beinbruch, keine Niederlage, kein bodenloser Fall. Der Teufel kennt die menschliche Sehnsucht ganz genau, der hat uns ins Herz gesehen.

Auch die dritte Herausforderung zeugt davon. Da führt er Jesus auf den sehr hohen Berg, zeigt ihm die Welt, zeigt ihm das Imperium Romanum und die ganze Heidenwelt, zeigt ihm Israel und Syrien, den Südsudan und die Ukraine, Europa und die USA, Russland, China und bestimmt auch den schönen Ort, in dem wir leben. „Das alles kriegst du, Jesus, kriegst du unter deine Herrschaft, Jesus, wenn du den hochtrabenden Plänen absagst, wenn du diesseitig wirst, wenn's dir nicht bloß um den Himmel geht, sondern um die Erde, um die menschliche Welt, für die ich, der Teufel, stehe und spreche."

Ja, was sollte daran falsch sein, an einem Friedensreich Jesu, an einem weltumspannenden Gottesstaat, in dem Gerechtigkeit herrscht, in dem Jesu Worte Gesetz sind und die Menschen auskommen miteinander, ohne Kreuzritter und Dschihadisten? Gerade jetzt wäre uns das doch willkommen, da die Kriege kein Ende nehmen und es überall brennt, da die Weltordnung, ohnehin sehr labil, aus den Fugen zu geraten scheint. Ist Jesus sich zu fein für die Macht? Und wie ist es um Gottes Macht denn bestellt, wenn der Kanonendonner am Ende die Friedenstauben vertreibt?

Noch einmal, der Teufelsadvokat stellt die richtigen Fragen und Forderungen, die Wunden, in die er den Finger legt – Hunger, Bedrängnis, Unfriede in der Welt –, diese Wunden schmerzen uns sehr, seit Jahrtausenden und heute vielleicht mehr denn je. Richtig, was er anfragt; da hat er meine ganze Sympathie!

Und Jesus, der angefragte Gottessohn, der Messias auf dem Prüfstand? Jesus? Der – schweigt nicht. Gut gebrüllt, Löwe Lucifer, gut gefragt, aber höre, was Jesus dazu sagt – und wie viel menschlicher die göttlichen Antworten sind! Was Mephisto nämlich nicht tut, das macht Jesus konsequent: Er sieht vom Menschen zunächst einmal ab. Alle drei Antworten des Gottessohnes beziehen sich auf Gott: Nicht vom Brot allein leben wir, sondern von Gottes Wort; Gott soll nicht versucht werden und Gott allein ist zu dienen! Gibt er dem Teufel da nicht recht, der den Göttlichen doch insgeheim der Menschenvergessenheit zeiht? Nein, im Gegenteil. Jesus öffnet den Horizont, Jesus stellt uns in einen weiteren Raum als den, der von der Tempelzinne oder vom sehr hohen Berg her zu ermessen ist. Der Mensch ist nicht allein ins Diesseits, nicht allein auf die Erde gewiesen, er ist nicht allein seiner Geschichte, seinem Schicksal, seinen Fähigkeiten verhaftet, er ist umgeben von Gott und von Gottes Zeit.

Was wäre denn, wenn es allein ums Brot ginge? Wenn wir genug hätten, übergenug, und keinen Schmerz dazu, wenn alles gut und richtig ginge, und wenn die Welt in eitel Frieden läge?

Was wäre denn, wenn mir das Glück in die Wiege gelegt worden wäre, wenn ich nicht für meine Ausbildung hätte arbeiten müssen, um meine Beziehungen nicht hätte kämpfen müssen, wenn ich meine Frau, meine Kinder, meine Freunde nicht täglich wiedergewinnen müsste, wenn mein Glaube nicht durch viele Zweifel ginge immer wieder? Was wäre denn, wenn alles rund und schön und geruhsam wäre?

Ich hätte nicht zu wachsen gelernt, ich wäre klein geblieben, schweigsam und faul, ich hätte die Leidenschaft nicht erlebt und nicht das tiefe, tiefe Glück, ich wäre nicht mündig geworden, nicht verantwortlich und unbarmherzig obendrein. Mein Lachen wäre ohne die

Würze der Tränen und mein Herz ohne die Fähigkeit zu leiden, mitzuleiden. Wenn's nach dem Teufel ginge, verlören wir, was uns zu Menschen macht, unsere Unfertigkeit nämlich, unsere Wanderschaft, unsere Offenheit nach vorn und in die Tiefe. Was uns zu Menschen macht, das haben wir nicht aus uns selbst und das wirken wir nicht selbst, das ist uns zugesprochen, das kommt uns von Gott zu.

Der Teufel, weil er's gut meint vielleicht, fragt nach Sicherheit, nach Wohlergehen ohne Schwankungen, nach einem Weg ohne Stolpersteine und Steigungen, ohne Kreuzungen und ohne die Notwendigkeit uns zu entscheiden.

Bisweilen teilen wir diese Sehnsucht nach Klarheit und dem einfachen Gang, von Zeit zu Zeit sehen wir den alten Teufel gern, aber in der Seele spüren wir, dass wir Menschen wachsen, reifen müssen, bevor wir erblühen, bevor das Brot schmeckt und wir uns nicht mehr fürchten, bevor wir zum Frieden geschickt sind.

Aber kommt es dazu? Wird, was uns schwer ist, einmal leicht, verstummt der Kriegslärm einmal, und haben wir satt zu essen für die Seele und den Leib? Müssten wir es selber tun, blieben wir auf unser Vermögen und Wollen zurückgeworfen, wie Lucifer sich das denkt – dann nicht.

Aber wir haben Gottes Wort, von dem wir leben; wir haben einen Gott, der uns bewahrt, wir haben einen Gott, der seine Welt nicht aus den Augen verliert – und dessen Blick weiter geht als Menschensicht und Teufelsaugen.

Tja, und da muss der arme Teufel sich geschlagen geben.

Amen

**Lied: Von Gott will ich nicht lassen ... (EG 365,1.3.4)**

Bitte lassen Sie uns beten miteinander:

Du hörst unsere Fragen, Gott,
du weißt, was uns zweifeln lässt.
Aber du lässt unseren Zweifel gelten,

du nimmst dich unserer Fragen an.
Darum kommen wir mit offenen Herzen zu dir,
mit allem, was uns bewegt
und was wir nicht verstehen.

Gib uns Antwort, Gott,
und zögere nicht zu lang.
Höre uns, Gott:

**Kyrie eleison ... (EG 178.9)**

Du hörst unsere Fragen, Gott,
und wir fragen:
Warum herrscht so viel Hass in der Welt,
warum sind Menschen so verblendet
und berufen sich sogar auf dich,
um ihre Taten, ihr Morden zu rechtfertigen.
Und warum, Gott, schweigst du dazu?

Sprich in den Unfrieden hinein, Gott,
und bereite der Gerechtigkeit den Weg.
Höre uns, Gott:

**Kyrie eleison ... (EG 178.9)**

Du hörst unsere Fragen, Gott,
und wir fragen:
Hat deine Schöpfung noch Zukunft,
ist es nicht viel zu spät,
damit gerettet werde, was du geschaffen hast?
Wir sehen Tiere aussterben und Pflanzen vergehen
und wir sind bange.
Wirst du das Antlitz deiner Welt erneuern?

Bewahre all die Schönheit, Gott,
und tu uns die Herzen auf dafür!
Höre uns, Gott:

**Kyrie eleison ... (EG 178.9)**

Du hörst unsere Fragen, Gott,
und wir fragen:
Müssen die Verzweifelten alleine bleiben,
müssen die verzagen,
die zum Glauben keinen Mut mehr haben?
Bleiben die ohne Hilfe,
die von Sorgen fast erdrückt werden,
die nur mit Mühe noch ihr Dasein fristen?

Sprich sie an, Gott,
sprich ihnen Mut zu
und wo es nötig ist, trage!
Höre uns, Gott:

**Kyrie eleison ... (EG 178.9)**

Du hörst unsere Fragen, Gott –
in der Stille sagen wir dir,
was uns fraglich geworden ist.
(Gebetsstille)

Für alle, die wir lieben
und die du uns anvertraut hast,
und für uns selbst bitten wir.
Höre uns, Gott:

**Kyrie eleison ... (EG 178.9)**

**Vaterunser**

Und der Friede Gottes,
der höher ist als unser Glauben und Verstehen,
unser Fühlen und Denken,
der Friede Gottes bewahre eure Herzen und Sinne
in Christus Jesus.
Amen

**Lied: Herr, wir bitten komm und segne uns ...**
**(BEL 610,1–3, BT 572, P 610, RWL 607)**

Segen:
Du fragst dich – Gott antwortet dir.
Du sehnst dich – Gott kommt zu dir.
Du hoffst – Gott macht den Horizont weit.

So segnet und behütet dich Gott,
der Liebevolle und Lebendige,
der Vater, der Sohn und der Heilige Geist.

**Amen, Amen, Amen**

**Orgelnachspiel**

# Ruhm? Gottesdienst MUSIK PLUS zu Reminiszere

(Die Gottesdienste MUSIK PLUS in der Luthergemeinde in Baden-Baden sind vertraute Sonntagsgottesdienste mit deutlichem, musikalischem Akzent, für den Organist*innen oder ortsansässige Künstler*innen, Chöre usw. – in Absprache mit dem Liturgen, der Liturgin und in Rücksicht auf die Kirchenjahreszeit – sorgen; im Folgenden sind die musikalischen Beiträge nur angedeutet, der musikalischen Fantasie sind keine Grenzen gesetzt. In der Lutherkirche in Baden-Baden erklingen alle musikalischen Epochen und Spielarten von Alter Musik bis Jazz und Pop, vokal und instrumental.)

**Instrumentalmusik (Passionsmusik oder Präludium/Melodie: Jesu, meines Lebens Leben ... EG 86)**

Votum – **Amen**

(Begrüßung)

Der Gott, der nach uns sieht und der uns ansieht, mit einem guten Blick, unser Gott, der sei mit euch – **und mit deinem Geist**

Vergiss die Elenden nicht! Psalmgebet im Wechsel (nach Psalm 10):

**Ubi caritas ... (BEL 608, BT 651, W 571.1)**

Der Selbstgerechte meint in seiner Verblendung,
dir, Gott, sei das Elend gleichgültig.
Es gibt keinen Gott – davon ist er überzeugt;
Er spricht bei sich selbst: „Gott hat die Not vergessen,
er verbirgt sich und sieht es nicht."
Steh auf, Gott, rege deine Hand!
Vergiss die Elenden nicht!
Warum soll der Selbstgerechte Recht behalten: „Gott fragt doch nicht danach?"
Nein, du siehst es doch, denn du schaust das Elend und den Jammer;
es steht in deinen Händen.

**Ubi caritas ... (BEL 608, BT 651, W 571.1)**

Die Armen befehlen es dir;
du bist der Helfer der Hilflosen.
Das Verlangen der Elenden hörst du, Gott;
du gibst dein Wort, du hast ein offenes Ohr.
Du verteidigst das Recht der Hilflosen und Armen,
damit es den Menschen wohl ergehe auf Erden.

**Ubi caritas ... (BEL 608, BT 651, W 571.1)**

Ich liebe dich, Gott, meine Stärke!
Du mein Fels, meine Zuflucht, mein Erretter!

**Ehre sei dem Vater und dem Sohn und dem Heiligen Geist,
wie es war im Anfang, jetzt und immerdar
und von Ewigkeit zu Ewigkeit. Amen**

Bitte beten Sie mit mir:

Ist es dir nicht gleichgültig, Gott,
das Elend so vieler Menschen?

Manchmal zweifle ich daran.
Wenn ich die Gesichter der Frauen sehe,
die ihre Kinder betrauern;
wenn ich den verzweifelten Männern
in die Augen schaue,
wenn ich die Tränen der verwaisten Kinder sehe –
dann zweifle ich daran.
Denn es ändert sich nichts,
Krieg und Gewalt,
Hass und Verblendung scheinen mächtiger zu sein
als deine Liebe, als dein Wort.
Gott, ich zweifle,
und ich spüre doch:
Auch meinen Zweifel nimmst du an.
Ich bin dir nicht gleichgültig,
kein Mensch ist dir gleichgültig
– und deine Liebe wird sich durchsetzen.
Ich halte daran fest, auch gegen den Augenschein.
Aber ich bitte dich, Gott:
Lass deine Welt, deine Menschen
auch etwas spüren davon!
Nimm dich der Elenden an!

**Kyrie eleison ... (EG 178.9)**

Gott hört uns – und er schweigt nicht;
und das ist es, was Gott uns zusagt:

Gott verachtet das Elend der Armen nicht,
er hat sein Antlitz nicht verborgen!
Amen

**Instrumentalmusik (Loblied, z.B. Melodie: Sollt ich meinem Gott nicht singen ... (EG 325,1+2))**

Bitte lassen Sie uns miteinander beten:

Unser Gott, der du mit uns sprichst und nicht schweigst,
dessen Zusagen verlässlich sind,
dessen Wort uns trägt –
Gott, mach unsere Ohren frei vom Lärm,
unsere Herzen frei von Sorgen,
unseren Verstand frei von Blindheit,
damit wir dich hören
und uns ermutigen lassen.
Das bitten wir dich durch Jesus Christus,
der unser Bruder geworden ist,
und der mit dir und dem Heiligen Geist
lebt und wirkt von Ewigkeit zu Ewigkeit.
**Amen**

Schriftlesung Markus 12,1–12:

Sprecher*in 1:
Jesus fing an, zu ihnen in Gleichnissen zu reden:
Ein Mensch pflanzte einen Weinberg und zog einen Zaun darum und grub eine Kelter und baute einen Turm und verpachtete ihn an Weingärtner und ging außer Landes.
Und er sandte, als die Zeit kam, einen Knecht zu den Weingärtnern, damit er von den Weingärtnern seinen Anteil an den Früchten des Weinbergs hole.
Sie nahmen den Knecht aber,

Sprecher*in 2:
schlugen ihn und schickten ihn mit leeren Händen fort.

Sprecher*in 1:
Abermals sandte er zu ihnen einen anderen Knecht;

Sprecher*in 2:
dem schlugen sie auf den Kopf

Sprecher*in 1:
und schmähten ihn.
Und er sandte noch einen andern,

Sprecher*in 2:
den töteten sie;

Sprecher*in 1:
und viele andere:

Sprecher*in 2:
die einen schlugen sie, die andern töteten sie.

Sprecher*in 1:
Da hatte er noch einen, seinen geliebten Sohn; den sandte er als Letzten auch zu ihnen und sagte sich: Sie werden sich vor meinem Sohn scheuen.
Sie aber, die Weingärtner, sprachen untereinander: Dies ist der Erbe; kommt, lasst uns ihn

Sprecher*in 2:
töten,

Sprecher*in 1:
so wird das Erbe unser sein!

Sprecher*in 2:
Und sie nahmen ihn und töteten ihn und warfen ihn hinaus vor den Weinberg.

Sprecher*in 1:
Was wird nun der Herr des Weinbergs tun? Er wird kommen und die Weingärtner bestrafen und den Weinberg andern geben.
Habt ihr denn nicht dieses Schriftwort gelesen (Psalm 118,22–23): „Der Stein, den die Bauleute verworfen haben,

Sprecher*in 2:
der ist zum Eckstein geworden.

Sprecher*in 1:
Vom Herrn ist das geschehen und ist ein Wunder vor unseren Augen"? Und sie trachteten danach, ihn zu ergreifen, und fürchteten sich doch vor dem Volk; denn sie verstanden, dass er auf sie hin dies Gleichnis gesagt hatte. Und sie ließen ihn

Sprecher*in 2:
und gingen davon.

Die Weisungen Gottes sind lauter und erleuchten die Augen,
die Ratschläge Gottes sind richtig und erfreuen das Herz.
Amen

**Lied: Von Gott will ich nicht lassen … (EG 365,1.3.4)**

**Ruhm? – Predigt zu Römer 5,1–5**

Gottes Wort ist wahrhaftig, und was er zusagt, das hält er gewiss. Amen
Hören wir auf Gottes Wort, heute Morgen aus dem Brief des Paulus an die Römer, im 5. Kapitel, Verse 1–5.

Tut mir leid, lieber Paulus: Ich nicht! Nein, ich rühme mich nicht, ich rühme mich der Bedrängnisse nicht. Tut mir leid: Einspruch, Widerspruch! Ich will nicht bedrängt sein, ich will Luft zum Atmen und

Raum zum Leben, ich will mich bewegen können, will laufen und tanzen und keine Mauer spüren, kein Druck auf dem Herzen haben.

Es gibt, liebe Gemeinde, diese eine Seite an Paulus, die ich nur schwer nachvollziehen kann. Wer ihn ein wenig kennt, wer ein wenig nachspürt, was die Bibel von Paulus erzählt und was er selbst berichtet in seinen zahlreichen Briefen, der sieht: Dem Mann ist es oft genug erbärmlich ergangen. Übel mitgespielt wurde ihm, x-mal ist er ins Gefängnis geworfen worden, der Pöbel wollte ihn lynchen, er ist verfolgt worden mit vernichtenden Worten und mit nackter Gewalt, selbst seine eigenen Leute haben ihn bisweilen schlecht gemacht. Paulus ist nicht zu beneiden, finde ich.

Findet er aber doch: „Wir rühmen uns auch der Bedrängnisse." Du vielleicht, Paulus, ich nicht. Wenn es mir nicht gut geht, werfe ich mich nicht in die Brust und lache. Wenn ich Schmerzen habe, verstumme ich und posaune es nicht heraus. Wenn mich die Mutlosigkeit müde macht, verkrieche ich mich, dann gehe ich nicht unter die Leute und protze. Verstehen Sie ihn, verstehen Sie Paulus?

Klar, das gibt es schon: Menschen, die ihr Leid auf den Lippen tragen, die damit kokettieren, dass es ihnen schlecht ergeht. „Wie geht's denn so? – Ach, es muss halt; na ja, geht so; ach, heut bin ich aber wieder gar nicht gut beieinander." Meistens haben diese Menschen eigentlich gar nicht so viel zu ertragen und zu klagen, aber sie heischen Mitleid und sie leben davon, bedauert zu werden. Sind auch bedauernswerte Leute, die das nötig haben, und sie brauchen Zuwendung, freilich nicht die, die sie erhoffen.

Ist Paulus einer von denen? Einer, der seine leidvollen Erfahrungen aufzählt – und da hat Paulus wirklich eine Menge zu bieten –, der sie aufzählt, um Eindruck zu schinden, um das Mitgefühl seiner Leser zu ernten? Abgesehen davon, dass er es nicht nötig hätte, es nützte auch nichts. Wir glauben ihm nicht mehr oder weniger, ob er nun gelitten hat oder nicht.

Wir glauben ihm, wenn das, was Paulus schreibt und sagt, zu tun hat mit unseren eigenen Erfahrungen, wenn es hilft in unseren Bedrängnissen, in unserer Trauer, unserem Schmerz. Tut es das?

Paulus behauptet: Rühme dich deiner Bedrängnisse – und du kannst leben damit. Stimmt das denn?

Es gibt ja viele Weisen, mit Leid und Trauer und Elend umzugehen.

Wir können vergehen darin, wir können uns dem Schmerz hingeben, wir können im Schmerz schmelzen wie Schnee in der Frühlingssonne. Dann macht der Schmerz uns stumm, dann frisst er uns auf, dann können wir uns nicht mehr regen und gehen zugrunde. Dann haben wir dem Leid nichts entgegenzusetzen, dann bleiben wir hilflos, ohnmächtig. Das ist fürchterlich.

Oder wir wehren uns und kämpfen einen verzweifelten Kampf gegen die Krankheit, gegen die Verzweiflung. Wir wüten gegen den Schmerz und schreien den Zorn hinaus, empört, entrüstet: „Warum? Warum ich? Was habe ich denn getan, dass ich so leiden muss?“ Wir hätten den alten, leidgeprüften Hiob auf unserer Seite und manchen Psalmdichter – und mit ihnen die düstere Erfahrung, dass all der Zorn nichts hilft, dass alle Empörung doch umsonst ist.

So mancher betäubt sich dann, überspielt das Leid mit Sarkasmus oder Lebensmüdigkeit oder ertränkt es in Alkohol, narkotisiert sich mit Tabletten, mit einem unersättlichen Lebensrausch oder der frommen Variante: mit gottergebener Duldsamkeit und frömmelndem Leidensmut. Und mancher denkt gar: „Wenn es mir schon schlecht geht, dann sollen es die anderen auch nicht besser haben“ – dann lebt er den anderen zu Leid, quält sie mit seinen Stimmungen und seiner schmerzverzerrten Laune.

Ohnmacht und Zorn, Betäubung und Rausch, Selbstmitleid und Sarkasmus – alle diese Weisen, das Leid zu bewältigen, haben eines gemeinsam: Sie helfen nicht. Sie helfen nicht, die Not zu lindern, das Elend zu ertragen, die Wolken aufzuhellen, frei zu atmen, die Last abzuwerfen. Sie helfen nicht.

Die Angst vergeht nicht, wenn ich darin vergehe, der Schmerz reißt seine Wunden auch, wenn ich verzweifelt um mich schlage, die Sorge wühlt, auch wenn ich sie nicht wahrhaben will. Hilft nichts?

Hilft denn das: Rühmen? Hilft denn das Rühmen, Paulus?

Ruhm und Ehre, sich rühmen, gerühmt werden – das sind in

der biblischen Botschaft eigentlich immer Worte und Wendungen, die sich irgendwie, direkt oder indirekt, auf Gott beziehen. „Gloria in excelsis! – Ehre sei Gott in der Höhe!“ – lautet der Gruß des Engels in der Weihnachtsnacht; und: „Meine Seele soll sich rühmen des Herrn!“, singt einer im 34. Psalm.

Wenn Paulus dieses Wort in den Mund nimmt, dann setzt er die Bedrängnisse in Beziehung – in Beziehung zu Gott. Die verletzte Seele – in Beziehung zu Gott. Das bedrängte Herz – auf Gott bezogen. Der geschundene Leib – damit hat Gott etwas zu schaffen. Die enttäuschte Hoffnung, der verwirrte Geist, die zermürbenden Fragen, die verlorene Liebe – Gott ist dem allem nicht fern.

Wie immer, woran immer wir leiden, wir leiden niemals beziehungslos, kein Leid, kein Schmerz ist gottlos, und das heißt, Gott sei Dank, kein Leiden ist sinnlos. Zu keiner Zeit, niemals, keine Sekunde ist unser Leben ohne Gott, ist unser Dasein sinnlos.

Paulus weiß das, Paulus hat das erfahren, Paulus sagt uns das: Was uns bedrängt, steht in Beziehung zu Gott; sich der Bedrängnisse rühmen heißt in tiefster Dunkelheit noch behaupten und sich festhalten daran, dass Gott mich nicht fallen lässt, dass Gott seinen Sinn dahinein gießt, wo ich nur noch Leere und Verlust spüre.

Sich der Bedrängnisse rühmen heißt: Das, was mich bedrängt, nicht als dumpfes Schicksal zu nehmen, als kalte Fügung – und auch nicht als das gnadenlose Machwerk eines böswillig-willkürlichen Gottes.

Wenn mich etwas drängelt und drängt, wenn ich Drangsal spüre und beängstigt bin, wenn mir die Luft ausgeht – dann bin ich nicht allein. Leid ist auf Gott bezogen, Gott bezieht sich auf mich. „Die Liebe Gottes ist ausgegossen in unsere Herzen!“, ermutigt Paulus – und wo die Liebe Gottes ist, ausgegossen ist, so dass sie das Herz anfüllt und keinen Platz mehr lässt für Verzweiflung, wo die Liebe immer schon bei mir ist – ich brauche gar nichts daran tun, sie ist schon da – da hat das Leid schon verspielt.

Tut mir leid, lieber Paulus – tut mir leid, mir geht das zu schnell. Ich vermag, wenn ich mein Leben anschaue, wenn ich die vielen Menschen im Blick habe, denen ich begegne und die leidgeplagt sind, die trauern, die verzagen, ich vermag nicht euphorisch zu werden.

Aber so meint es Paulus auch nicht. Er verwendet Worte, die das Tempo herausnehmen, die die schnelle Lösung, den billigen Trost verbieten. Geduld, Bewährung, Hoffnung – das sind Worte, die entschleunigen. Der Gott, der mir nahe ist im Schmerz, der überrollt niemanden, der verlangt nicht das schnelle Einverständnis, die überbordende Fröhlichkeit mitten in Trauer und Angst.

Gott geht zaghaft mit unserer Verzagtheit um, sanft mit unserer Sehnsucht nach Hilfe. Kein Leid ist sinnlos – damit ist nicht schon alles gesagt, aber gesagt ist, dass ich mich auf die Suche machen kann und finden werde, dass ich nachfühlen, nachspüren, nachgraben kann, wo denn der Sinn liegt und wie ich daran wachsen kann. Das hat Zeit, das braucht Zeit, das kostet Kraft und macht manchmal blutige Hände – aber sicher ist: Ich werde nicht ohne Antwort bleiben. Sinn ist da, Leid ist nicht gottlos; zu graben, zu suchen lohnt sich – und ich habe alle Zeit dafür, die ich brauche.

Eine Behauptung ist das, lieber Paulus, eine Behauptung.

Aber eine, die mit des Paulus gesamter, bewegter Lebenserfahrung gesättigt ist – und gesättigt sein wird mit der unseren, wenn wir uns nur einlassen darauf. Tun wir es doch – Hoffnung lässt nicht zuschanden werden!

Amen

**Instrumentalmusik (z.B. Melodie: Befiehl du deine Wege … (EG 361))**

Bitte lassen Sie uns beten miteinander:

Unser Gott, wenn Hoffnung nicht zuschanden werden lässt,
wenn Hoffnung nicht umsonst ist,
dann bitten wir dich:
Mach unsere Hoffnung stark,
damit wir ermutigt werden,

Hand anzulegen, wo unsere Hilfe nötig ist,
zu ertragen, wo getragen werden muss,
etwas zu wagen, wo es Wagemut braucht.
Wir vertrauen dir, Gott:

**All Morgen ist ganz frisch und neu ... (EG 440,1)**

Unser Gott, wenn Hoffnung nicht zuschanden werden lässt,
wenn Hoffnung nicht umsonst ist,
dann bitten wir dich:
Hilf den Hoffnungslosen,
denen die Schwermut das Herz abschnürt,
die verbittert und enttäuscht sind,
die sich aufgegeben haben.
Gott, hilf ihnen, zu spüren,
dass du sie annimmst und liebst,
dass sie sich auf dich verlassen können.
Wir vertrauen dir, Gott:

**All Morgen ist ganz frisch und neu ... (EG 440,1)**

Unser Gott, wenn Hoffnung nicht zuschanden werden lässt,
wenn Hoffnung nicht umsonst ist,
dann bitten wir dich:
Sei mit den schwer Erkrankten,
die die Furcht gefangen hält,
die um ihre Zukunft bange sind;
und sei mit den Sterbenden,
die in Würde gehen möchten
und sich dabei nicht einsam fühlen wollen.
Sei an ihrer Seite,
und hilf uns, aufmerksam zu sein.
Wir vertrauen dir, Gott:

**All Morgen ist ganz frisch und neu … (EG 440,1)**

Unser Gott, wenn Hoffnung nicht zuschanden werden lässt,
wenn Hoffnung nicht umsonst ist,
dann bitten wir dich für die Herausforderungen unserer Gesellschaft.
Wir stehen vor vielen Fragen –
Menschen suchen Schutz bei uns,
andere haben kaum, was sie zum Leben brauchen,
deine Schöpfung seufzt unter großen Lasten,
mancher glaubt an keine Zukunft mehr.
Gott, mach uns mutig,
gib uns Fantasie für den Frieden,
für ein Leben in Gerechtigkeit
und für die Bewahrung deiner Schöpfung.
Wir vertrauen dir, Gott:

**All Morgen ist ganz frisch und neu … (EG 440,1)**

Unser Gott, wenn Hoffnung nicht zuschanden werden lässt,
wenn Hoffnung nicht umsonst ist,
dann sagen wir dir in der Stille,
was uns ganz persönlich bewegt:
(Gebetsstille)

Ermutige uns, Gott,
mach unsere Hoffnung stark.
Wir vertrauen dir, Gott:

**All Morgen ist ganz frisch und neu … (EG 440,1)**

**Vaterunser**

Und der Friede Gottes,
der höher ist als unser Glauben und Verstehen,

unser Fühlen und Denken,
der Friede Gottes bewahre eure Herzen und Sinne
in Christus Jesus.
Amen

**Lied: Gib uns Frieden jeden Tag ... (EG 425,1–5)**

Segen:

Gott hilft dir hoffen,
Gott weitet den Blick.
Gott hilft dir hoffen,
Gott weitet das Herz.

So segnet und behütet dich Gott,
der Liebevolle und Lebendige,
der Vater, der Sohn und der Heilige Geist.

**Amen, Amen, Amen ...**

**Instrumentalmusik (Postludium/Melodie: Im Frieden dein ... (EG 222))**

# Keine Handelsware: Gottesdienst zu Okuli

**Orgelvorspiel**

**Lied: All Morgen ist ganz frisch und neu ... (EG 440,1–4)**

Votum – **Amen**

(Begrüßung)

Der Gott, der unser Licht ist, der erhellende Gott, unser Gott, der sei mit euch – **und mit deinem Geist**

Als ich Gott suchte, antwortete er mir. Psalmgebet im Wechsel, Psalm 34,2–9 + Psalm 92,2:

**Wer nur den lieben Gott lässt walten**
**und hoffet auf ihn allezeit,**
**den wird er wunderbar erhalten,**
**in aller Not und Traurigkeit. (EG 369,1 – Zeilen 1–2)**

Ich will den Herrn loben allezeit;
sein Lob soll immerdar in meinem Munde sein.
    Meine Seele soll sich rühmen des Herrn,
    dass es die Elenden hören und sich freuen.

Preiset mit mir den Herrn
und lasst uns miteinander seinen Namen erhöhen!
    Da ich den Herrn suchte, antwortete er mir
    und errettete mich aus aller meiner Furcht.

**Man halte nur ein wenig stille**
**und sei doch in sich selbst vergnügt,**
**wie unsers Gottes Gnadenwille,**
**wie seine große Lieb es fügt. (EG 369,3 – Zeilen 1–2)**

Die auf ihn sehen, werden strahlen vor Freude,
und ihr Angesicht soll nicht schamrot werden.
    Als einer im Elend rief, hörte der Herr
    und half ihm aus allen seinen Nöten.
Der Engel des Herrn lagert sich um die her,
die ihn fürchten, und hilft ihnen heraus.
    Schmecket und sehet, wie freundlich der Herr ist.
    Wohl dem, der auf ihn trauet!

**Sing, bet und geh auf Gottes Wegen,**
**verricht das Deine nur getreu**
**und trau des Himmels reichem Segen,**
**so wird er bei dir werden neu. (EG 369,7 – Zeilen 1–2)**

Das ist ein köstlich Ding, dem Herrn danken,
und lobsingen deinem Namen, du Höchster.

**Ehre sei dem Vater und dem Sohn und dem Heiligen Geist,**
**wie es war im Anfang, jetzt und immerdar**
**und von Ewigkeit zu Ewigkeit. Amen**

Bitte beten Sie mit mir:

Als ich dich suchte, Gott,
da hast du dich nicht versteckt.
Du hast mir geantwortet,
durch Augen, die mich nicht übersahen,
durch feine Ohren,
die sich vor meinen Fragen nicht verschlossen,
durch Herzen, die sich auftaten.
Du lässt mich nicht ohne Antwort, Gott,
wenn ich dich suche.
Nur weiß ich nicht immer, wohin ich schauen soll,
um deine Antwort zu sehen,
um zu merken, wie du zu mir sprichst,
wie du dich liebevoll zuwendest.
Mach dich bemerkbar, wenn ich stutzig bin, Gott,
ich brauche deine Antworten doch so sehr.

**Kyrie eleison ... (EG 178.9)**

Gott hört uns und er schweigt nicht. Und das ist es, was Gott uns zusagt:

Der das Ohr gemacht hat, der hört; und der das Auge gemacht hat, wie sollte der nicht sehen?
Amen

**Lied: Ich heb mein Augen sehnlich auf ... (EG 296,1–3)**

Bitte lassen Sie uns beten miteinander:

Gott, du stellst uns auf deinen Weg,
du gehst mit uns
und du lädst uns ein, mit dir zu gehen.
Hilf uns merken,
dass du bei uns bist,

dann fürchten wir keine Steige und keinen Steg.
Das bitten wir dich durch Jesus Christus,
der unser Bruder geworden ist,
und der mit dir und dem Heiligen Geist
lebt und wirkt von Ewigkeit zu Ewigkeit.
**Amen**

Schriftlesung: Lukas 9,57–62

Wohin sollten wir gehen, Gott? Du hast Worte des ewigen Lebens. Amen

**Lied: Wohl denen, die da wandeln ... 295,1+2**

## Keine Handelsware – Predigt zu 1. Petrus 1,18–21

Wenn ich auf dein Wort schaue, mein Gott, so werde ich nicht zuschanden. Amen

Hören wir auf Gottes Wort, aus dem 1. Brief des Petrus, im 1. Kapitel, die Verse 18–21.

Was mich durchaus freut, liebe Gemeinde, ist, dass ich etwas wert sein soll. „Ihr seid teuer erkauft", schreibt Petrus, teuer – und nicht mal nur mit Silber und Gold, mit Wertpapieren und Staatsanleihen, sondern gar mit „dem teuren Blut Christi"; was doch etwas schauerlich klingt und auf das Kreuz Christi anspielt. Da hat Gott uns erkauft, und das war kein Spaziergang durch die pittoresken Gassen der Jerusalemer Altstadt, sondern ein Leidensweg durch die Via Dolorosa bis hinauf auf den Galgenberg, wo Jesus mit dem Leben bezahlt hat, dass Gott uns liebt. Diese Liebe hat er sich was kosten lassen, die ist ihm teuer zu stehen gekommen.

In der Passionszeit, in der Karwoche und am Karfreitag, da wird sichtbar, hörbar und spürbar, dass wir Gott etwas wert sind. Mich freut das, durchaus. Was mich gar nicht freut, was mich befremdet ist der Gedanke, dass ich Handelsware bin. Bin ich ja, wenn einer mich kaufen kann. Petrus stellt sich das, mit vielen Menschen seiner Zeit, wohl so vor, dass reger Handel getrieben wird zwischen Gut und Böse, Himmel und Hölle, Leben und Tod, Teufel und Gott. Die stehen in Konkurrenz, die zerren um die Handelsware, die versuchen sich gegenseitig die Schnäppchen abzujagen und ihren Reibach zu machen. Und die Handelsware, die begehrten Objekte, die sind wir.

Am Ende des Handelns und Händels sieht's zwar gut aus für uns: Wir sind erkauft, mit dem Wertvollsten, das es in Gottes Schöpfung gibt, mit dem Leben Christi, wir sind gekauft, der Deal ist gemacht, der Handel ist perfekt – und wir gehören Gott. So ist es und daran wird nicht mehr gerüttelt, der Kaufvertrag gilt ewig und drei Tage. Na, da könnten wir doch zufrieden sein!

Und trotzdem, es gefällt mir nicht, eine Ware, ein Handelsobjekt zu sein. Wie steht es denn mit Wert und Würde, wenn mit mir geschachert werden kann, wenn ich auf dem freien Markt von Gut und Böse feilgeboten werde wie ein Stück Vieh oder wie ein Sklave? So kommt mir das jedenfalls vor.

Ja, und wenn ich genau hinschaue, wenn ich mein Leben unverblümt ansehe und die rosa Brille absetze, dann muss ich doch sagen: Ich komme mir nicht nur wie eine Ware vor, es kommt auch vor, dass ich es tatsächlich bin. Im übertragenen Sinn jedenfalls:

Manchmal steh ich willenlos da, ohne Einfluss auf das, was gerade mit mir geschieht. Sie wissen das, liebe Gemeinde, dass mir gerade in meinen Predigten viel daran gelegen ist, dass wir mutig unser Leben in die Hand nehmen, dass wir mündig entscheiden, welche Wege wir gehen, dass wir Verantwortung für uns tragen und mit der Fülle fröhlich und bewusst leben, die Gott uns schenkt. Aber manchmal kommt das vor – in ganz entscheidenden Momenten meines Lebens kommt es vor, dass ich nicht Herr oder Herrin bin meiner selbst, dass ich hin- und her geworfen werde von einem Schicksal, einer Fügung, über die ich nicht verfügt habe. Es kommt vor, dass das Leben uns entgleitet.

In den vergangenen Wochen haben wir auf unseren Friedhöfen Menschen verabschiedet, die ganz plötzlich, ohne Vorwarnung, gegangen sind. Da bricht etwas über uns herein, da stehen wir hilflos und sprachlos. Oder eine Krankheit zerstört alle Lebenspläne, ein Unfall stellt alles auf den Kopf. Oder wir erleben, dass Menschen, die uns nicht kennen, über uns reden, sich das Maul zerreißen, ihre Urteile fällen, und in dem, was sie von sich geben, erkennen wir uns nicht wieder – aber wir haben keinen Einfluss darauf. Wir werden im Streit verletzt, werden allein gelassen, eine Beziehung wird zerstört, eine Freundschaft wird mit Füßen getreten – und wir können nichts daran tun. Dann fühlen wir uns durchaus verraten und verkauft. Dann spüren wir unsere Ohnmacht und es scheint, als treibe das Schicksal, als treibe irgendeine boshafte Macht Schindluder mit uns. Wir sind ausgeliefert.

Wenn der alte Petrus also vom Kaufen und Verkaufen schreibt, dann hat er damit nicht so unrecht, wie ich zuerst dachte, dann trifft er so manche böse Situation ganz genau.

Teile ich seine Einsicht für einen Augenblick, lasse ich mich für einen Moment ein auf das, was er da sagt – dann fühle ich mich verstanden. Verstanden, aber auch: befreit. Denn Petrus macht die Tür auf, Petrus öffnet die Ketten, schließt das Gefängnis auf und reißt die dicken Mauern nieder.

Ja, es stimmt, manchmal fühle ich mich verraten und verkauft, aber ich bin es nicht, in Wahrheit bin ich es nicht. Vielmehr: Ich bin angenommen und erkauft. In das böse Spiel vom Handeln und Händeln zwischen Himmel und Hölle, zwischen Leben und Tod, in dieses Spiel gehören wir gar nicht mehr hinein. Wir stehen längst schon auf der anderen Seite, wir sind längst schon auf der Seite des Lebens, wir gehören zu Gott, seit Golgatha und dem Ostergarten, seit Kreuz und Auferstehung gehören wir zu Gott.

Keine Handelsware mehr, kein Objekt der Begierde – nein, wir sind freigekauft von Schicksal und Willkür, von Lebensnackenschlägen und Todverfallenheit, wir sind freigekauft; Gott hat mit der Währung bezahlt, die bei ihm die einzig gültige ist, mit seiner Liebe, mit der großen Münze seiner Zuwendung. So ist das, so gilt das, ich kann ganz beruhigt sein.

Das meint Petrus auch: Ganz ruhig, nur die Ruhe! „Ihr wisst", schreibt er: „Ihr wisst, dass ihr freigekauft seid". Nein, ich weiß es nicht, jedenfalls fühlt es sich nicht so an.

Aber das muss es auch nicht. Dass ich zu Gott gehöre, dass mein Leben ein gutes Vorzeichen hat, ein Plus vor der Klammer, dass ich beruhigt sein kann, das stimmt nicht erst, wenn ich es spüre. Das gilt, grundsätzlich und für alle Tage, das gilt von Gott her, ob ich es fühle oder nicht. Ob ich befreit bin, ob ich hoffnungsfroh und getrost leben kann, das liegt – Gott sei Dank – auch nicht in meiner Verfügung, das liegt allein bei Gott. Der hat dafür gesorgt, hat teuer bezahlt dafür, weil wir es ihm wert sind.

Nun aber: Weil wir es ihm wert sind, weil er alles getan hat, damit wir hoffen können, damit unser Leben sinnvoll sei und gelinge, damit wir am Tod nicht verzagen, sondern getrost leben, weil er alles getan hat – und weil damit alles getan ist, was nötig ist, darum können wir es auch entdecken. „Ihr wisst es doch!" sagt Petrus von denen, die aufmerksam und neugierig durch ihr Leben gehen.

Tu ich das, geh ich aufmerksam und neugierig durch meine Zeit, dann bekomme ich doch eine Ahnung davon, dass ich zu Gott, dass ich ins Leben gehöre.

Dann sehe ich: Mitten in meiner Trauer kam ein Freund und nahm mich in den Arm, und ich konnte weinen und mich trösten lassen. In großer Entscheidungsnot gab es einen Ratgeber, auf den ich hörte, und ich fasste Mut. Im Hospiz, bei der Begleitung Sterbender, erlebe ich es immer wieder, wie tief und wertvoll ein Menschenleben wird in seinen letzten Wochen und Tagen, wie viel Liebe und Lebendigkeit sich am Sterbebett versammeln. Und Menschen erzählen mir, wie mitten im Schmerz ein großer Trost über sie kam, wie sie mitten in der Verzweiflung klar gesehen haben und wussten, welchen Weg sie gehen müssten. Und andere nehmen es einfach für sich in Anspruch, dass Gott sie liebt und das Gute will für sie, lassen es einfach gelten, breiten die Arme aus und lassen sich beschenken, mit Glück, mit Melodien und Liedern, mit Blütenduft und Vogelgesang. Mit einem Lächeln. Es gibt viele solcher Geschichten, solcher Lebenserfahrungen mit dem lebendigen Gott, zu dem wir gehören.

„Ihr wisst das!" Das wissen wir wohl nicht, wie wir wissen, welche Postleitzahl unsere Stadt hat und dass der Rhein nach Norden fließt, so wissen wir es nicht, aber wir können gewiss sein. Ganz gewiss: Wir gehören zu Gott, wir sind frei, frei zum Leben in seiner Fülle.
Amen

**Lied: Ins Wasser fällt ein Stein ...**
**(BEL 648,1–3, BT 645, P 648, RWL 695)**

Bitte lassen Sie uns beten miteinander:

Du hast uns reich begabt,
Leben und Lebendigkeit hast du in uns gelegt,
wir können lachen und Glück spüren,
können die Herzen öffnen.
Wir haben Augen,
die all das Schöne sehen
und die weinen können,
wenn zu trauern und zu klagen ist.
Mit unseren Händen können wir einander aufhelfen,
und wir haben gute Worte füreinander,
Worte der Liebe und des Trostes.
Gott, mach uns frei für unsere Möglichkeiten.
Wir schauen aus nach dir:

**Oculi nostri ... (BEL 789.5, RWL 582)**

Gott, wir schauen diese Welt auf ihre Möglichkeiten hin an,
und wir sehen:
Es kann Frieden werden,
wenn die Menschen einander achten,

die Gewalt kann ein Ende haben,
wenn Menschen sich versöhnen,
Gerechtigkeit kann sich durchsetzen,
wenn Menschen sich danach sehnen.
Gott, mach aus Möglichkeiten Wirklichkeit,
und hilf uns,
das Unsere dazu zu tun!
Wir schauen aus nach dir:

**Oculi nostri ...**

Gott, oft genug zweifeln wir
an der Zukunft deiner Welt.
Die Schöpfung seufzt
und Tag für Tag sterben Arten aus,
Pflanzen und Tiere,
die du geschaffen hast,
und denen kaum einer nachweint.
Gott, bewahre das todgeweihte Leben
und lass uns den Verlust all der Schönheit,
all des Lebendigen zu Herzen gehen.
Wir möchten die Herzen und die Hände regen,
zeig uns, wo.
Wir schauen aus nach dir:

**Oculi nostri ...**

Gott, wir denken vor dir an die,
von denen wir Abschied genommen haben,
an unsere Verstorbenen.
Du hast für uns Möglichkeiten über den Tod hinaus,
mit unseren letzten Schritten hier
ist der Weg nicht zu Ende.
Du heilst die, die wir dir anvertraut haben,

du gibst ihren Seelen Ruhe
und ihren Herzen neue Kraft.
Wir bitten dich für alle, die trauern,
begleite sie mit einem guten Trost,
der Raum hat für Tränen,
der Mut gibt für einen Neubeginn.
Wir schauen aus nach dir:

**Oculi nostri ...**

Du machst uns weit und frei, Gott,
in der Stille sagen wir dir,
wo wir fürchten,
hinter unseren Möglichkeiten zurückzubleiben,
sagen wir dir, was uns ganz persönlich bewegt:
(Gebetsstille)

Für alle, die wir lieben,
und die du uns anvertraut hast,
und für uns selbst,
schauen wir aus nach dir:

**Oculi nostri ...**

**Vaterunser**

Und der Friede Gottes,
der höher ist als unser Glauben und Verstehen,
unser Fühlen und Denken,
der Friede Gottes bewahre eure Herzen und Sinne
in Christus Jesus.
Amen

**Lied: Segne und behüte ... (BEL 580,1–3, HN 562, W 563)**

Segen:

Gott macht dich frei – sei frei!
Gott mutet dir etwas zu – hab Mut!
Gott geht mit dir – geh los!

So segnet und behütet dich Gott,
der Liebevolle und Lebendige,
der Vater, der Sohn und der Heilige Geist.

**Amen, Amen, Amen**

**Orgelnachspiel**

# Gefühlvoll:
# Gottesdienst zu Lätare

**Orgelvorspiel**

**Lied: Er weckt mich alle Morgen … (EG 452,1.2.5)**

Votum – **Amen**

(Begrüßung)

Der Gott, bei dem wir Heimat haben, der Gott, der uns aufnimmt, unser Gott, der sei mit euch – **und mit deinem Geist**

Der Vogel hat ein Haus gefunden – Psalmgebet im Wechsel, nach Psalm 84:

**Tut mir auf die schöne Pforte,**
**führt in Gottes Haus mich ein;**
**ach, wie wird an diesem Orte**
**meine Seele fröhlich sein!**
**Hier ist Gottes Angesicht,**
**hier ist lauter Trost und Licht. (EG 166,1)**

Wie lieb sind mir deine Wohnungen, herrlicher Gott!
Meine Seele verlangt und sehnt sich nach den Vorhöfen Gottes;

mein Leib und Seele freuen sich
in dem lebendigen Gott.
Der Vogel hat ein Haus gefunden
und die Schwalbe ein Nest für ihre Jungen –
deine Altäre,
mein Behüter und mein Gott.

**Ich bin, Herr, zu dir gekommen,**
**komme du nun auch zu mir.**
**Wo du Wohnung hast genommen,**
**da ist lauter Himmel hier.**
**Zieh in meinem Herzen ein,**
**lass es deinen Tempel sein. (EG 166,2)**

Wohl denen, die in deinem Hause wohnen;
die loben dich immer und immer.
Wohl den Menschen, die dich für ihre Stärke halten
und von Herzen dir nachwandeln!
Wenn sie durchs dürre Tal ziehen,
wird es ihnen zum Quellgrund,
und Frühregen hüllt es in Segen.
Sie gehen von einer Kraft zur andern
und haben dich, Gott, vor Augen.
Ein Tag in deinem Haus
ist besser als sonst tausend.
Denn Gott ist Sonne und Schild;
Er wird kein Gutes mangeln lassen denen, die ihn suchen.
Herrlicher Gott, wohl dem Menschen,
der sich auf dich verlässt!

**Mache mich zum guten Lande,**
**wenn dein Samkorn auf mich fällt.**
**Gib mir Licht in dem Verstande**
**und was mir wird vorgestellt,**

**präge du im Herzen ein,**
**lass es mir zur Frucht gedeihn. (EG 166,4)**

Eines erbitte ich, das hätte ich gerne,
dass ich bei Gott bleiben könnte,
in seinem Hause, ein Leben lang!

**Ehre sei dem Vater und dem Sohn und dem Heiligen Geist,**
**wie es war im Anfang, jetzt und immerdar**
**und von Ewigkeit zu Ewigkeit. Amen**

Bitte beten Sie mit mir:

Bei dir bin ich zu Hause, Gott, und schau:
Ich lade dich auch zu mir nach Hause ein.
Sei mein Gast,
oder zieh gleich für immer ein.
Du müsstest Vorlieb nehmen
mit manchem unaufgeräumten Zimmer,
mit ein paar dunklen Ecken,
mit einem zugigen Dach und einem kalten Keller.
So richtig gemütlich ist es bei mir noch nicht,
das wird es wohl erst,
wenn du dich breitgemacht hast,
wenn dein Glanz meine Räume füllt
und wenn mit dir ein frischer Wind durch die Kammern weht.
Darum lade ich dich ja ein,
damit das Leben, in dem ich hause,
hell und bewohnbar wird.
Schau, Gott, ich öffne dir Tür und Tor,
zieh bei mir ein!

**Kyrie eleison … (EG 178.12)**

Gott hört uns und er schweigt nicht.
Und das ist es, was Gott uns zusagt:

Siehe, ich komme und will bei dir wohnen!
Amen

**Lied: Stern, auf den ich schaue … (EG 407,1.2)**

Lesung: Johannes 12,20–26

**Lied: Meine Zeit steht in deinen Händen …**
**(BEL 644,1–3, P 644, W 628)**

**Gefühlvoll – Predigt zu Jesaja 54,7–10**

Es ist ein Wort ergangen, das geht nun fort und fort;
das stillt der Welt Verlangen wie sonst kein ander Wort.
Amen

Hören wir auf Gottes Wort, heute morgen aus dem Buch des Propheten Jesaja, im 54. Kapitel, die Verse 7–10.

„Ja, geht's noch? Sapperlot! Verdammt nochmal, habt ihr noch alle Tassen im Schrank? Seid ihr noch ganz bei Trost?"

Ich wüsste gerne, wie Gott flucht. Dass er es tut, glaubt Jesaja, wenn er von Gottes Zorn spricht – und allen Anlass hätte Gott ja auch dazu. Da werden in seinen Namen Bomben gezündet, ganze Landstriche verwüstet, er muss für alle möglichen Unmenschlichkeiten herhalten, viele führen seinen Namen im Mund – Herrschaften, Präsidenten, Machtgierige – in Ost und West, aber scheren sich in Wahrheit keinen Deut um ihn; und andere legen gleichgültig die Hände in den Schoß, während anderswo Gottes Kinder leiden, hungern, zugrunde gehen.

Da kriegt auch ein Gott schon mal die Krätze, da packt ihn schon mal der Zorn und er speit Gift und Galle: „Ihr seid wohl nicht mehr ganz sauber? Was soll denn dieser Mist?"

Ja, ich weiß, dass klingt jetzt alles ein wenig despektierlich – aber Jesaja erlaubt das: „Ich habe mein Angesicht im Augenblick des Zorns vor dir verborgen", lässt er Gott höchst selbst verlautbaren. Und dass so ein Gotteszorn still und leise vor sich geht, wird ja keiner glauben wollen. Von meinem mit Leidenschaft fluchenden Vater und auf dem einen oder anderen Fußballplatz habe ich köstliche Flüche und Schimpfwörter gelernt, die herrlich der seelischen Befreiung dienen. Seinen Zorn hinauszuschreien, das tut gut, und Gott scheint es da nicht anders zu gehen. Er wird seine eigenen, göttlichen Schimpfwörter und -tiraden haben.

Dass Gott einen ordentlichen Brass schieben kann, das gehört heute nicht mehr so recht zu den gängigen Gottesbildern – meist hätte ich Gott lieber freundlich, lieb und nett, als Fürsorgegott, als freundlichen Kümmerer, der keiner Fliege was zuleide tut. Gott: der ausgeglichene, weise, alte Mann, der gütig in die Runde lugt und sanft und tröstlich seine Worte setzt, der ist doch viel netter als so ein wutschnaubender Zornbolzen mit hochrotem Gotteskopf.

Allerdings, von dem erzählt die Bibel immer wieder; habe ich mich im lieben Gott also getäuscht? Nein, gar nicht. Wovon Jesaja erzählt, das ist diese erstaunliche Gotteserkenntnis: Gott hat Emotionen, Gott hat Gefühle! Gott ist nicht der unbewegliche Beweger, er ist nicht cool und gechillt, reglos, er sitzt nicht über den Dingen, sodass Leid und Laster, Liebe und Lust nicht an ihn heranreichten. Nein, Gott fühlt, Gott spürt, Gott regt sich auf und lässt sich anregen, Gott lebt und leidet mit. Die Bibel spricht sehr menschlich von Gott – und vielleicht ist der Umkehrschluss ja tatsächlich erlaubt: Sind wir mit unseren Gefühlen, mit Trauer und Trost, mit Lachen und Lieben, mit Zorn und Zagen Gottes Ebenbilder, dann kennt er das auch: die Angst um die Geliebten, die Trauer wegen eines Verlustes, den Schmerz, nicht gehört zu werden – und was uns sonst bewegt, verwirrt und belastet.

Gott hat Emotionen – sagt die Bibel, sagt Jesaja hier, und eine davon ist der Zorn! Aber die ist eine höchst vergängliche, Gottes Zorn verraucht im Nu! Hören Sie, wie vorsichtig, wie rücksichtsvoll Gott mit uns umgeht: „Ich habe mein Angesicht im Augenblick des Zorns ein wenig vor dir verborgen."

Welch ein tröstlicher Satz! Denn das kennen wir ja, dieses Gefühl, Gott habe sein Antlitz vor uns verborgen, Gott schaue nicht nach uns, wir sind ihm egal, er hat sich abgewendet. Wenn eine Angst uns in den Klauen hat, wenn eine Ratlosigkeit uns den Kopf leerfegt, wenn eine Last uns zittern macht und niederdrückt – wo ist dann Gott? Es fühlt sich so an, als sei er nicht mehr da, oder als sei er überhaupt nicht. Bei Jesaja aber heißt es: nur für einen Augenblick! Nur für einen Moment hast du dich allein gefühlt, nur für eine Sekunde hast du mich nicht gespürt.

Und dieser Augenblick ist schon vorbei! Höre ich genau hin, dann verspricht Gott genau das: „Ich habe dich für einen kleinen Augenblick verlassen, ich habe mein Angesicht ein wenig verborgen." Ja – ich glaube, ich höre da ein Bedauern – ja, so war das, aber jetzt, jetzt bin ich bei dir. Hör, ich spreche mit dir, schau, ich mache mich bemerkbar, glaube nur: Ich werde dir nicht mehr von der Seite weichen. Indem Gott spricht, hat er sich längst zugewandt, die Wolken seines Zornes sind verraucht und wir schauen den abziehenden Rauchfahnen hinterher. Und wir tun das immer schon, der Zorn liegt hinter Gott und uns, die Liebe umgibt uns, seine Gnade soll nicht von uns weichen.

„Gnade", das ist ein ganz wunderbares Wort. Ganz ursprünglich heißt es „sich nahen", „Nähe". „Meine Nähe soll nicht von dir weichen!"

Das Wort steht in einem ganz wunderbaren, ganz tröstlichen Gegensatz zu den Worten „verlassen" und „verbergen" vom Anfang der Gottesrede bei Jesaja. Gott ist nahebei.

Und zwar der Gott, der fühlt, der mit-fühlt, der sich unser Glück und unsere Schmerzen etwas angehen lässt, der lacht mit uns und der weint mit uns – ein beweglicher Gott, einer der sich bewegen lässt. Unser Gott, der unsere Wege mitgeht.

In der Kirchenjahreszeit, die wir jetzt gerade begehen, in der Passionszeit, ist das besonders sinnenfällig. Da haben wir das Kreuz vor Augen, dieses Kreuz, das kein Produkt des Zornes Gottes ist, wie viele Generationen von Christinnen und Christen geglaubt haben. Jesus hängt dort nicht, weil Gott sein Mütchen kühlen muss. Nein, dort am Kreuz, dort sehen wir den gnädigen, den nahen Gott – uns so nah, allem Menschlichen so nah, dass er selbst den Tod mit uns teilt, dass er sich in das hineinbegibt, was unser Leben bedroht und zerstört. Gott kennt unsre Nöte aus der Nähe, wenn es weh tut, ist er präsent, der nahe, der allernächste Gott.

Wenn er aber da ist, dann verändert sich alles: Dann ist einer da, der Verständnis hat, der weiß, was mit mir los ist, der auch mein Verstummen noch entziffern kann, der mir die Hand reicht, wenn meine schon verdorrt und kraftlos ist. „Meine Gnade soll nicht von dir weichen, der Bund meines Friedens soll nicht hinfallen." Gott bindet sich an uns, so fest, dass uns keiner mehr, auch kein Leid, kein Tod, dass uns nichts und niemand von ihm fortreißen kann. Gott geht ein Bündnis mit uns ein, und das ist unkündbar.

„Ich will mich deiner annehmen, meine Nähe soll nicht weichen" – wenn Gott „Ich will!" und „Das soll!" sagt, dann gibt es da kein „möglicherweise" oder „mal sehen". Wollen, Sollen und Tun, das fällt bei Gott in eins, wenn er sich zusagt, gibt es kein Vertun. Darauf können wir uns verlassen!

„Ja, geht's noch? Seid ihr noch ganz bei Trost?" Ich weiß nicht, liebe Gemeinde, wie Gott schimpft und flucht – aber ich weiß, wie er liebt, zugewandt nämlich, unverbrüchlich zugewandt und nah, nah und näher als alles, was mir nahekommen kann.

„Seid ihr noch ganz bei Trost?" Ganz genau, das sind wir, ganz bei Trost, Gott ist mit seinem Trost ganz bei uns. Sapperlot!

Amen

**Lied: Holz auf Jesu Schulter ... (EG 97,1.2.6)**

Bitte lassen Sie uns beten miteinander:

Bei dir sind wir ganz bei Trost, Gott,
aber um Trost ist uns doch bange.
Wir fühlen uns leer manchmal,
abgearbeitet von der Trauer,
von den Mühen unseres Alltags,
und wir sehen die Zukunft nicht,
auf die du uns verweist.
Mach unsere Herzen weit, Gott,
zieh ein mit deinem Trost.
Wir vertrauen dir, Gott, und rufen:

**Herr, erbarme dich ... (EG 178.11)**

Bei dir sind wir ganz bei Trost, Gott,
aber so vielen Menschen fehlt es an Trost.
Die Armen sehnen sich nach Gerechtigkeit,
Flüchtlinge und Obdachlose suchen ein Heim,
den Hungernden mangelt es an Reis und Brot.
Gott, wir haben die Bilder vor Augen,
die Bilder schreiender Kinder in Somalia,
weinender Frauen in Indien,
zermürbter Männer in Südamerika.
Sieh sie an, Gott, und warte nicht mit deiner Hilfe.
Wir vertrauen dir, Gott, und rufen:

**Herr, erbarme dich ...**

Bei dir sind wir ganz bei Trost, Gott,
aber da sind Menschen, die kein Trost mehr erreicht.
Weil sie sich zurückgezogen haben in sich selbst,
weil sie Augen verschließen und gleichgültig sind,
weil sie dem Leben nicht mehr trauen

und nicht wagen, dir zu glauben.
Nimm dich ihrer an, halte sie fest.
Wir vertrauen dir, Gott, und rufen:

**Herr, erbarme dich ...**

Bei dir sind wir ganz bei Trost, Gott,
darum denken wir vor dir an die,
die des Trostes bedürfen in ihrer Trauer
in den Tagen ihres Abschieds.
Tritt an das Lager der Sterbenden,
weine mit den Weinenden,
und trage die, die sich nicht mehr zu helfen wissen.
Wir vertrauen dir, Gott, und rufen:

**Herr, erbarme dich ...**

Bei dir sind wir ganz bei Trost, Gott,
darum kommen wir zu dir mit unserer Sehnsucht,
getröstet zu werden.
In der Stille sagen wir dir, was uns persönlich bewegt:
(Gebetsstille)

Für alle, die wir lieben
und die du uns anvertraut hast,
und für uns selbst bitten wir dich um deinen Trost.
Wir vertrauen dir, Gott, und rufen:

**Herr, erbarme dich ...**

**Vaterunser**

Und der Friede Gottes,
der höher ist als unser Glauben und Verstehen,
unser Fühlen und Denken,
der Friede Gottes bewahre eure Herzen und Sinne
in Jesus Christus.
Amen

**Lied: Großer Gott, wir loben dich … (EG 331,5.9.11)**

Segen:

Gott ist dir nah und begleitet dich.
Gott ist dir nah und ermutigt dich.
Gott ist dir nah und hat auf dich Acht.

So segne und behüte dich Gott,
der Liebevolle und Lebendige,
der Vater, der Sohn und der Heilige Geist.

**Amen, Amen, Amen**

**Orgelnachspiel**

# Beziehungskisten: Gottesdienst zu Judika

**Orgelvorspiel**

**Lied: Herr Jesu Christ, dich zu uns wend … (EG 155,1–3)**

Votum – **Amen**

(Begrüßung)

Der Gott, der mit uns geht, der nicht von unserer Seite weicht, unser Gott, der sei mit euch – **und mit deinem Geist**

Dass sie mich leiten! Gebet im Wechsel, nach Psalm 43:

**Sende dein Licht und deine Wahrheit,**
**dass sie mich leiten zu deiner Wohnung**
**und ich dir danke, dass du mir hilfst.**
**(EG 172)**

Gott, schaffe mir Recht
und führe meine Sache wider das unheilige Volk
und errette mich von den falschen und bösen Leuten!
    Denn du bist der Gott meiner Stärke:
    Warum hast du mich verstoßen?

**Sende dein Licht ...**

Warum muss ich so traurig gehen,
wenn mein Feind mich drängt?
    Sende dein Licht und deine Wahrheit, dass sie mich leiten
    und bringen zu deinem heiligen Berg und zu deiner Wohnung,
dass ich hineingehe zum Altar Gottes,
zu dem Gott, der meine Freude und Wonne ist,
und dir, Gott, auf der Harfe danke, mein Gott.
    Was betrübst du dich, meine Seele,
    und bist so unruhig in mir?
Harre auf Gott; denn ich werde ihm noch danken,
dass er meines Angesichts Hilfe und mein Gott ist.

**Sende dein Licht ...**

Was betrübst du dich, meine Seele
und bist so unruhig in mir?
Harre auf Gott!

**Ehre sei dem Vater und dem Sohn und dem Heiligen Geist,**
**wie es war im Anfang, jetzt und immerdar**
**und von Ewigkeit zu Ewigkeit. Amen**

Bitte beten Sie mit mir:

Gott, mein Gott, unruhig ist meine Seele in mir,
unruhig ist sie,
bis sie Trost findet in der Dunkelheit,
unruhig ist sie,
bis sie Hoffnung hat auf einen neuen Tag,
unruhig ist sie,
bis sie Antworten bekommt auf die brennenden Fragen,
unruhig ist sie,

bis sie lachen lernt vor Glück.
Unruhig ist meine Seele in mir, Gott,
tröste mich, öffne meinen Horizont,
sprich mit mir und beglücke mich,
dann, mein Gott, dann wird meine Seele ruhig in mir.

**Kyrie eleison ... (EG 178.9)**

Gott hört uns und er schweigt nicht. Hört, wie Gott uns tröstet:

Fürwahr, meine Seele ist still und ruhig geworden, wie ein kleines Kind bei seiner Mutter. Wie ein kleines Kind, so ist meine Seele in mir.
Amen

**Lied: Holz auf Jesu Schulter ... (EG 97,1+2)**

Beten wir miteinander:

Gott, du Trost in der Nacht,
du Lust am Tage,
Gott, du Gesang meines Herzens,
du Sinn meiner Zeit,
Gott, erfülle mich!
Das bitte ich dich durch Jesus Christus,
der mein Bruder geworden ist,
und der mit dir und dem Heiligen Geist
lebt und wirkt von Ewigkeit zu Ewigkeit.
**Amen**

Schriftlesung: Hebräer 5,7–9

Christus spricht:
Wer mir nachfolgt, der wird nicht wandeln in der Finsternis,
sondern wird das Licht des Lebens haben.
Amen

**Lied: Vertraut den neuen Wegen … (EG 395,1–3)**

**Beziehungskisten – Predigt zu Markus 10,35–45**

Die Weisungen des Herrn sind vollkommen und erquicken die Seele.
Amen

Wir hören auf Gottes Weisungen, aus dem Evangelium des Markus, im 10. Kapitel, die Verse 35–45.

So viel, liebe Gemeinde, so viel zu Solidarität und Einigkeit unter der ersten Jüngerschar. Meine Güte, was wird das für ein Ärger gewesen sein! Schleichen sich zwei zu Jesus in der Nacht, um ihr Schäfchen ins Trockene zu holen, und sie sind auch gaaanz bescheiden: „Ach, Jesus, tu uns bloß einen klitzekleinen Gefallen, ist doch kaum der Rede wert, gell?“, sie wollen ja bloß die besten Plätze für die Ewigkeit, wollen etwas gelten und Einfluss haben, nichts weiter – und sie wundern sich noch, dass die anderen stocksauer sind.

Jakobus und Johannes, die Zebedaiden, die Donnersöhne übersetzt, die werden ihr Donnerwetter erlebt haben. Ich hätte Lust, den Streit sehr ausführlich zu schildern, es wäre ein rhetorisches Vergnügen: dieser unsägliche Hochmut der beiden, die Empörung der anderen, die fast nicht glauben können, was ihnen da zu Ohren kommt, die verletzte Freundschaft, der Zorn, die Trauer über so viel Unverschämtheit. Aber heute geht es mir nicht um die Beziehungskiste, jedenfalls nicht um die, in der die Jünger sitzen.

Die Situation ist klar: Die Jüngerschar ist in der Krise. Jakobus und Johannes haben die Machtfrage gestellt, das Vertrauen der anderen missbraucht. Die andern zehn sind wütend – und mit Recht –, sie stellen die beiden zur Rede, beschimpfen sie, das ganze, gut gemeinte Unternehmen, Jesus als vereinte Schülerschaft zu folgen, steht infrage. Sie können sich nicht mehr verlassen aufeinander, sie sind enttäuscht, misstrauisch auf einmal. Welcher Teufel sie denn geritten habe, fragen sie sich, und die Angst, zu kurz zu kommen, benachteiligt zu werden, die ist auch im Spiel – und nicht zu knapp. Die Gemeinschaft droht zu zerbrechen.

Und Jesus? Es ist faszinierend, wie er umgeht mit dieser Situation. Er hätte den Donnersöhnen den Kopf waschen können, hätte die Jünger zur Ordnung rufen, zur Bescheidenheit mahnen, Harmonie einfordern können. Aber er weist niemanden zurecht, ruft nicht, um des lieben Friedens willen, zur Versöhnung und zum Stillschweigen auf. „Kommt, Jungs, wir sind doch alle Brüder, kommt, in der Kirche gibt es keine Konflikte." Jesus, mit Verlaub: im Unterschied zu gängiger, kirchlicher Praxis, Jesus kehrt den Streit nicht unter den Teppich, nein, er bringt ihn auf den Punkt. „Euch geht es um Macht, um Einfluss, um Herrschaft", sagt Jesus, „also gut, wenn ihr wetteifern wollt, dann tut es kräftig, dann legt euch ruhig ins Zeug, aber wetteifert um die Dienerschaft, überbietet euch darin, gute Knechte zu sein!"

Diener und Knechte – mir gehen die Worte nicht leicht von den Lippen. Sie klingen nach alten Zeiten, die unsere Gesellschaft zum guten Glück überwunden hat: hier die Herren, da die Diener, die Leibeigenen, Abhängigen, die Hörigen. Das alles wollen wir nicht mehr, diesen Missbrauch von Macht, die Gewalt über andere. Wir möchten uns selbst bestimmen können, uns selbst entscheiden und vertreten. Demokratische Ohren wollen von Knechtschaft nichts wissen, Gott sei Dank. Aber ich will mich auf die schwierigen Worte einlassen und nachspüren, um was es Jesus geht. Auf das Ungewohnte, Herausfordernde zu hören, das erschließt neue Möglichkeiten. Und Jesus ist der Meister des Ungewohnten und der ungeahnten Möglichkeiten. Was schlägt Jesus vor?

Erstens: Jesus kehrt die Verhältnisse um, er verändert unsere Sichtweise. Damals wie heute steht die Macht in der Gefahr, selbstherrlich zu sein. Die Kaiser und Könige der Antike fühlten sich nur der eigenen Herrschaft verpflichtet – und heute noch kann eine Regierung einen Krieg beginnen oder ein Atomprogramm fahren, ohne sich um den Protest der Völkergemeinschaft zu scheren; sie hat eben die Macht dazu. Noch heute kann ein Tyrann sein Volk quälen, jahrzehntelang, ohne Rechenschaft geben zu müssen. „Ihr wisst", sagt Jesus, der sich auskennt in den politischen Dingen, „ihr wisst, die, die als Herrscher gelten, die halten ihre Völker nieder, und ihre Mächtigen tun ihnen Gewalt an." Dagegen aber setzt er: „Wer groß sein will unter euch, der soll euer Diener sein!" Die Selbstherrlichkeit der Macht wird radikal in Frage gestellt; Macht, Herrschaft ist nicht für sich selbst da, sondern verantwortlich für andere.

Gerechte Macht, meint Jesus, gibt es nur in Beziehung zu den Menschen, für die sie hilfreich, nützlich, gedeihlich sein soll. Wer also einflussreich sein will, steht in der Verantwortung, es zum Wohle der anderen zu sein. Das gilt sicher auch für Gemeindeleitungen, für Pfarrer, Bischöfe, neugewählte Päpste, für alle, die sich engagieren und Einfluss nehmen in Gruppen, Gemeinden, Kirche und Gesellschaft.

Indem Jesus uns verantwortlich macht, verändert er unseren Blick. Nicht, wie ich meine Macht, meinen Einfluss erhalten und erweitern kann, ist die Frage, sondern wie ich sie einsetzen kann für die um mich her, zu Hause, in der Gemeinde, im Beruf, in meiner Stadt.

Aber da fühle ich ein unsicheres Grummeln im Bauch und eine ängstliche Frage schleicht sich mir in den Sinn: Komme ich dabei nicht zu kurz? Ich bin doch auch wer, ich kann mich doch nicht immer nur um andere bemühen! Richtig, und die Jünger, die mag dieser Zweifel auch bewegt haben: Ich bin doch auch wer! Ich hab doch auch meine Bedürfnisse!

Ja, das stimmt, und Jesus nimmt diese Angst auf, indem er auf sich selbst verweist: „Auch der Menschensohn ist nicht gekommen, dass er sich dienen lasse, sondern dass er diene!"

Das ist das Zweite, was Jesus betont: Noch bevor ihr euch als dienstbar erweist, noch bevor ihr eure Verantwortung lebt, noch bevor ihr euch um andere bemüht, vor alledem bin ich, Jesus, euer Diener.

Will sagen: Jesus hat sich für uns verantwortlich gemacht, was er tut, in seiner göttlichen Weite, mit seiner Größe, das macht er uns zugut: Wird Mensch uns zugut, lebt und erzählt Gleichnisse, predigt auf dem Berg und heilt in den Hütten, leidet, stirbt, aufersteht ... uns zugut. In Jesus setzt sich Gott in Beziehung zu uns, macht er seine Beziehungskiste auf und holt uns hinein, auf immer und unverbrüchlich, uns zugut.

Keine und keiner kommt mehr zu kurz, was wir brauchen, wessen wir bedürfen, das kommt uns von Gott zu. Macht über andere, Einfluss nehmen, das brauchen wir nicht, um wer zu sein; das Sagen haben müssen wir nicht, weil Gott uns liebevoll angesprochen hat, weil er sich liebevoll dienstbar erweist und gibt, alles, alles gibt, was wir brauchen.

1520 erschien eine der reformatorischen Grundschriften Martin Luthers, die für mich ganz persönlich zu einem theologischen Bekehrungserlebnis geworden ist. Da bringt Luther wunderbar auf eine griffige Formel, was Christus leistet – uns zugut – und was daraus erwächst. Luther schrieb in der „Freiheit eines Christenmenschen":

„Damit wir gründlich erkennen mögen, was ein Christenmensch sei, und wie es gethan sei um die Freiheit, die ihm Christus erworben und gegeben hat, ... will ich diese zwei Beschlüsse setzen:

1. Ein Christenmensch ist ein freier Herr über alle Dinge und Niemand unterthan;

2. Ein Christenmensch ist ein dienstbarer Knecht aller Dinge und Jedermann unterthan."[1]

Zwischen Freiheit und Verantwortung, zwischen Selbstbewusstsein und Liebe bewegt sich unser Christenleben. Anders gesagt: Wir können uns in Beziehung setzen, können verantwortlich leben, voller

---

1 Martin Luther, Traktat von der christlichen Freiheit, 1520, in: Ders., Die reformatorischen Grundschriften. Die Freiheit eines Christen, hg. v. Horst Beintker, dtv Verlag, München 1983, Bd. 4, S. 9. – WA 7, 49.

Achtung für andere, achtsam und rücksichtsvoll, weil Gott uns ganz und gar befreit hat von der Angst, zu kurz zu kommen. Welch ein Geschenk, welch eine Gabe!
Amen

**Lied: Selig seid ihr … (BEL 667,1–3, BT 644, HN 599)**

Bitte lassen Sie uns beten miteinander:

Gott, du bist Mensch geworden, unser Bruder und Freund
– uns zugute.
Du bist gestorben, wie wir sterben müssen,
du bist auferstanden, damit wir dem Tode nicht verhaftet bleiben.
Dass wir dich an unserer Seite wissen, Gott,
das macht uns hoffnungsvoll, das macht uns mündig und frei.
Hilf uns, gelassen zu leben
und verantwortungsvoll.

**Herr, erbarme dich … (EG 178.11)**

Gott, du bist Mensch geworden uns zugute.
Wir denken an die Menschen, die ihrer Würde beraubt werden,
an die zu Unrecht Gefangenen,
an die Gefolterten und Missachteten,
an die, die unter Vorurteilen leiden,
denen das Recht abgesprochen wird,
ihren Glauben, ihre Überzeugung zu leben,
wie sie es selbst für richtig halten.
Sei an ihrer Seite, Gott, bewahre sie.

**Herr, erbarme dich …**

Gott, du bist Mensch geworden uns zugute.
Wir denken an die Menschen, die Verantwortung tragen,

an Lehrerinnen und Erzieher,
an Ärzte und Schwestern,
an die Politiker und Politikerinnen in Stadt und Land.
Wir denken an alle, denen andere Menschen anvertraut sind,
in den Heimen und Kliniken,
in Vereinen und in den Kirchen.
Gib ihnen Mut zur Verantwortung, Gott,
und Achtung für die Menschen.

**Herr, erbarme dich …**

Gott, du bist Mensch geworden uns zugute.
Wir denken an deine Schöpfung,
an der wir Menschen so schuldig geworden sind.
Wir denken an die sterbenden Gewässer,
die schmelzenden Gletscher,
an die verödeten Regenwälder und die bedrohten Arten,
Pflanzen und Tiere, Wasser und Luft.
Heile deine Welt, Gott, und heile unsere Herzen.

**Herr, erbarme dich …**

Dir Gott, der du Mensch geworden bist uns zugute,
dir sagen wir in der Stille, was uns persönlich
belastet und bewegt:
(Gebetsstille)

Für alle, die wir lieben,
und die du uns anvertraut hast,
und für uns selbst bitten wir dich:

**Herr, erbarme dich …**

**Vaterunser**

Und der Friede Gottes,
der höher ist als unser Glauben und Verstehen,
unser Fühlen und Denken,
der Friede Gottes bewahre eure Herzen und Sinne
in Christus Jesus.
Amen

**Lied: Gott gab uns Atem ... (EG 432,1+3)**

Segen:

Es segne dich Gott, der dich trägt,
er segne dich mit der Kraft seines Armes,
mit der Zärtlichkeit seiner Hände,
Gott berge und bewahre dich.

So segnet und behütet dich Gott,
der Mensch wurde dir zugute,
der Vater, der Sohn und der Heilige Geist.

**Amen, Amen, Amen**

**Orgelnachspiel**

# Hoppe, hoppe, Reiter: Gottesdienst zu Palmsonntag

**Orgelvorspiel**

**Lied: Wie soll ich dich empfangen ... (EG 11,1.2.5)**

Votum – **Amen**

(Begrüßung)

Der Gott, der bei uns einzieht, der Gott, der uns besucht, unser Gott, der sei mit euch – **und mit deinem Geist**

Gott hilf mir, Psalmgebet im Wechsel, Psalm 69, dazwischen:

**Herr, bleibe bei uns,**
**denn es will Abend werden**
**und der Tag hat sich geneiget. (EG 483)**

Gott, hilf mir!
Denn das Wasser geht mir bis an die Kehle.
    Ich versinke in tiefem Schlamm, wo kein Grund ist;
    ich bin in tiefe Wasser geraten, und die Flut will mich ersäufen.
Ich habe mich müde geschrien,
mein Hals ist heiser.

Meine Augen sind trübe geworden,
weil ich so lange harren muss auf meinen Gott.

**Herr, bleibe bei uns …**

Ich aber bete zu dir, Gott, zur Zeit der Gnade;
Gott, nach deiner großen Güte erhöre mich mit deiner treuen Hilfe.
Errette mich aus dem Schlamm,
dass ich nicht versinke,
dass ich errettet werde vor allen, die mich missachten,
und aus den tiefen Wassern;
dass mich die Flut nicht ersäufe und die Tiefe nicht verschlinge
und das Loch des Brunnens sich nicht über mir schließe.

**Herr, bleibe bei uns …**

Erhöre mich, Gott, denn deine Güte ist tröstlich;
wende dich zu mir nach deiner großen Barmherzigkeit
und verbirg dein Angesicht nicht vor deinem Freund,
denn mir ist angst; erhöre mich eilends.
Nahe dich zu meiner Seele und erlöse sie,
Gott, deine Hilfe schütze mich!

**Herr, bleibe bei uns …**

Die Himmel erzählen vom Glanz Gottes,
ein Tag sagt's dem anderen
und eine Nacht tut's kund der anderen.

**Ehre sei dem Vater und dem Sohn und dem Heiligen Geist,**
**wie es war im Anfang, jetzt und immerdar**
**und von Ewigkeit zu Ewigkeit. Amen**

Bitte beten Sie mit mir:

Gott, mein Gott, manchmal steht mir das Wasser bis zum Hals,
manchmal weiß ich nicht ein noch aus,
dann habe ich mich verrannt in meiner Selbstgerechtigkeit,
dann gehe ich ziellos durch meine Tage,
dann bin ich ängstlich, wenn die Sonne sinkt
und die Schatten kommen,
die Schatten der Einsamkeit, der Verzagtheit.
Gott, nimm dich meiner an,
vergib, wo ich schuldig geworden bin,
hilf mir tragen,
wo mir die Last zu schwer wird,
verscheuche die Dunkelheit.

**Kyrie eleison ... (EG 178.9)**

Gott hört uns und er lässt sich hören. Das ist es, was Gott uns zusagt:

Der Tag ist Gottes und sein ist die Nacht,
er gedenkt derer, die ihn suchen.
Amen

**Lied: Allein Gott in der Höh sei Ehr ... (EG 179,1+3)**

Bitte lassen Sie uns beten miteinander:

Du Gott an unserer Seite,
dem wir vertraut sind,
der Acht hat auf uns,
Gott, gib uns Augen für deine Gegenwart,
Ohren für dein leises Flüstern
und ein Herz, das spürt,
wie du uns liebst.

Darum bitten wir dich durch Jesus Christus,
der unser Bruder geworden ist,
und der mit dir und dem Heiligen Geist
lebt und wirkt von Ewigkeit zu Ewigkeit.
**Amen**

Lesung: Philipper 2,5–11.

Himmel und Erde werden vergehen,
aber Gottes Wort wird nicht vergehen.
Amen

**Lied: Dein König kommt in niedern Hüllen ... (EG 14,1.4.5)**

**Hoppe, hoppe, Reiter – Predigt zu Lukas 19,28–40**

Es ist ein Wort ergangen, das geht nun fort und fort,
da stillt der Welt Verlangen wie sonst kein ander Wort. Amen

Hören wir auf Gottes Wort, aus dem Evangelium des Lukas im 19. Kapitel, die Verse 28–40.

Hören Sie mal, liebe Gemeinde, hören Sie mal:

**Melodie, instrumental: Hoppe, hoppe, Reiter**

„Hoppe, hoppe, Reiter, wenn er fällt, dann schreit er.
Fällt er in den Graben, fressen ihn die Raben,
fällt er in den Sumpf, dann macht der Reiter: Plumps!“

Daran erinnern Sie sich, oder? Das hat fast jede und jeder schon mal gesungen und gespielt, mit den Kindern oder Enkeln auf den Knien, und viele werden selbst mal der Hoppe-Hoppe-Reiter gewesen sein. Welch ein seltsames Kinderlied. Und ganz überraschend passend zu dem Reiter, dem Eselsreiter, der da in Jerusalem einzieht! Denn der fällt. Der, dem die Leute gerade noch zujubeln, den sie hochleben lassen, er, „Jesus Christ Superstar“, er fällt. Er fällt tief, sehr tief. Keine ganze Woche dauert es, dass er gefangen genommen wird, dass er geschlagen und verspottet wird, dass er am Kreuz endet.

Jesus fällt. Das hat er mit uns gemein. Denn wir fallen auch, immer wieder. Wir fallen aus unseren selbstverständlichen Gewissheiten heraus, wenn der Zweifel überhandnimmt. Wir fallen aus unserer wohl gehüteten Gesundheit heraus, wenn der Leib oder die Seele verletzt sind und kränkeln. Wir fallen aus unseren vertrauten Beziehungen heraus, wenn eine Freundschaft endet, wenn eine Liebe stirbt. Wir kennen das, wir fallen.

**Melodie: Hoppe, hoppe, Reiter …**

Und „wenn er fällt, dann schreit er“. Jesus fällt in Ungnade, fällt aus der Bewunderung der Leute heraus, fällt auf der Via Dolorosa unter der Last des Balkens, hängt am Kreuz und schreit: „Mein Gott, mein Gott, warum hast du mich verlassen?“ Wenn wir fallen, schreien wir auch, möchten wir jedenfalls. „Gott, hast du mich verlassen? Gott, wo bist du, warum antwortest du nicht? Was soll ich denn jetzt tun? Was soll denn jetzt werden?“ Es sind verzweifelte Schreie, die uns manchmal gar nicht über die Lippen gehen, so schwach und verletzt sind wir. Stumme Schreie, die in der Seele wühlen, die uns zerreißen.

Ob wir laut rufen oder verstummen, es ist ein tiefer Schmerz, und schier unvorstellbar ist der, den wir auf den Gesichtern der Mütter in Syrien ablesen können, der Kinder im Sudan, der Männer auf den Booten im Meer. Menschlicher Schmerz – Jesus teilt ihn mit uns, indem er schreit.

**Melodie: Hoppe, hoppe, Reiter …**

„Fällt er in den Graben, fressen ihn die Raben.“ Er fällt, wir fallen – und der Graben droht uns. Jesus endet im Grab. Die Menschenmenge jubelt nicht mehr. Erst haben sie ihn gefeiert: „Hosianna!“, dann haben sie ihn verschrien: „Kreuzigt ihn!“ – und schließlich lastete eine Stille auf dem Land, eine schwere, drückende Todesstille. In dieser Karwoche, die heute beginnt, werden wir in die dramatische Dynamik der letzten Tage Jesu hineingenommen, vom triumphalen Einzug in Jerusalem über das Geklirr der Waffen in Gethsemane, bis zum Schrei am Kreuz und der Todesstille im Grab. Am Ende fällt er ins Grab, in den Graben, der auf alle wartet. Über Fall und Schrei und Stille geht Jesus unseren Weg.

„Fällt er in den Graben, fressen ihn die Raben.“ Und genau das, liebe Gemeinde, genau das ... tun sie nicht.

Schon bemerkenswert, wie grausam ein Kinderlied sein kann, wie ja eine rechte Menge angeblicher Kindermärchen auch. Grausam, denn die Raben machen sich über Leichname her, über die Unbestatteten, die auf dem Schlachtfeld liegen Gelassenen. Dass einen die Raben fressen sollen, das war vor Zeiten ein fürchterlicher Fluch. Es ist schon sarkastisch, das in einem Kinderlied zu hören und zu singen. Aber ist die Welt nicht so, so brutal?

Vielleicht auf den ersten Blick – auf den zweiten aber nicht. Denn die Raben fressen ihn nicht. Der Hoppe-Hoppe-Eselsreiter, der da fällt und schreit und stirbt – der wird von den Raben nicht gefressen. Sie haben gar keine Zeit dazu. Denn Jesus bleibt nicht im Tod. Er fällt in den Graben, er fällt in den Sumpf, er macht Plumps – aber er bleibt nicht liegen.

Unsere Karwoche endet nicht mit Kreuz und Tod, sie mündet in den Ostermorgen. Jesus geht und reitet und fällt unsere Wege, er schreit unseren Schrei. Da ist er uns nah. Und er macht einen neuen Weg auf, den Weg aus Grab und Graben heraus, aus dem Tod in neues, frisches, duftendes Leben im Ostergarten, er bereitet uns ein Lachen. Da sind wir ihm nahe, da nimmt er uns mit!

**Melodie: Hoppe, hoppe, Reiter ...**

„... dann macht der Reiter: Plumps!" Grausam ist das Liedchen schon – aber meine Jungs haben immer gelacht, wenn ich sie plötzlich habe fallen lassen. Es war immer ein lustiges Spiel und sie konnten manchmal nicht genug davon kriegen. Wahrscheinlich nicht wegen der Textzeilen, nicht wegen des Falls, des Grabens und der Raben. Vielmehr – da bin ich mir sicher – vielmehr, weil sie sich fallen lassen konnten. Weil sie sich gewiss sein konnten und sich sicher waren: Papa hält mich fest. Mir kann nichts passieren.

Inzwischen sind die Knaben dem Vater über den Kopf gewachsen, das Hoppe-Hoppe-Reiter-Spiel ist out, aber die Gewissheit, gehalten zu sein, die haben sie hoffentlich noch. Denn wir sind gehalten, liebe Gemeinde: Gott hält uns, Gott lässt uns nicht fallen.

Das wahre Leben stößt uns hin und her, schaukelt uns auf und nieder, die Melodien, die es uns vorsingt, sind rau bisweilen, grausam, beängstigend, da ist ein Graben, den wir fürchten, und Raben, die ein Fluch sind, da schreien wir, da fallen wir – aber niemals, niemals bleibt der Schrei ungehört, und niemals fallen wir bodenlos.

Der unter dem Kreuz gefallen ist, der am Balken schrie, der im Grab lag – der ist unsere Wege gegangen und hat uns zu seinem Weg befreit. Da wird die Todesfahrt zum Lebensweg.

Darauf können wir uns verlassen, die Karwoche versichert uns dessen Jahr um Jahr: Gott kennt unsere Schmerzen, Gott weiß um den Fall, Gott scheut den Graben nicht – aber die Raben müssen schweigen, sie dürfen nicht krächzen. Alles endet in einem großen Lachen, einem fröhlichen Kindergejauchz, weil wir gehalten sind, fest und unverbrüchlich, und weil Gott uns im Leben hält.

**Melodie: Hoppe, hoppe, Reiter ...**

Hoppe, hoppe, Reiter, wenn er kommt, befreit er.
Fall'n wir in den Graben, scheucht er fort die Raben;
Fall'n in seine Händ – dann lachen wir am End!

Amen

**Lied: Holz auf Jesu Schulter … (EG 97,1–3.6)**

Bitte lassen Sie uns beten miteinander:

Gott, manchmal fallen wir –
und wir fallen tief:
fallen in Verzweiflung,
fallen in die Mutlosigkeit hinein
und sehen kein Licht mehr.
Dann fang uns auf, Gott,
halt uns fest.
Hör uns, Gott,
wir vertrauen dir:

**Meine Zeit steht in deinen Händen …**
**(BEL 644 – Refrain, P 644, W 628)**

Siehst du die Menschen fallen, Gott,
die, die der Gewalt zum Opfer fallen,
die hilflos sind?
Wir denken an die Toten und Verletzten
von Anschlägen und Terrorakten,
an die Giftgasopfer und Hungertoten.
Halt sie fest, Gott,
und gebiete den Mördern Einhalt!
Hör uns, Gott,
wir vertrauen dir:

**Meine Zeit steht in deinen Händen …**

Hörst du die Menschen schreien, Gott,
die, die an ihrer Seele verletzt sind?
Sie sind aus dem Leben gefallen!
Wir denken an missbrauchte Kinder,

an alle, die sich nicht wehren können,
an geschlagene Frauen, gefangene Männer,
an die missachteten Alten.
Halte sie fest, Gott,
und befreie sie.
Hör uns, Gott, wir vertrauen dir:

**Meine Zeit steht in deinen Händen …**

Hörst du die Raben krächzen, Gott,
über den Totenfeldern dieser Welt?
Zu Tausenden sterben Menschen,
weil andere zynisch ihre Macht missbrauchen.
Und deine Schöpfung ist dem Tode nahe.
Dürren und Wasserfluten rauben Leben, unentwegt.
Halte deine Schöpfung fest, Gott,
öffne allen, die verantwortlich sind,
die Augen, auch uns.
Hör uns, Gott,
wir vertrauen dir:

**Meine Zeit steht in deinen Händen …**

Wir schreien nach dir, Gott,
weil wir uns fürchten zu fallen.
Du hörst uns und hältst uns fest.
In der Stille sagen wir dir,
was uns persönlich bewegt:
(Gebetsstille)

Für alle, die wir lieben,
und die du uns anvertraut hast,
und für uns selbst vertrauen wir dir:

**Meine Zeit steht in deinen Händen ...**

**Vaterunser**

Und der Friede Gottes,
der höher ist als unser Fühlen und Denken,
unser Glauben und Verstehen,
der bewahre eure Herzen und Sinne in Christus Jesus.
Amen

**Lied: Segne und behüte ... (BEL 580,1–3, HN 562, RWL 575)**

Segen:

Schau, Gott ist da und trägt dich!
Schau, Gott ist da und hält dich!
Schau, Gott ist da und verlässt dich nicht!

So segnet und behütet dich Gott,
der Liebevolle und Lebendige,
der Vater, der Sohn und der Heilige Geist.

**Amen, Amen, Amen**

**Orgelnachspiel**

# Die Woche mit Klang und Laut: Zeiten der Stille und Gottesdienste für Karmontag bis Ostersonntag

# Klage: Zeit der Stille am Karmontag

**Musikalisches Vorspiel**

Votum – Amen

Begrüßung:
Herzlich willkommen zur ersten Zeit der Stille in der „Woche mit Klang und Laut“. Sie sind eingeladen, hinzuhören auf das, was laut wird, auf Schrei und Klage, auf Flehen und Verstummen, auf das Lachen am Ende aber auch, und dabei zu entdecken, wie nah Gott uns ist. Gerade in dem, was wir äußern, was er äußert, was in uns anklingt, worin er mitschwingt, was in uns laut wird, dem er Ausdruck verleiht.

Heute geht es um den Klang und den Laut der Klage.

Beten wir im Wechsel den 22. Psalm, den Leidenspsalm Jesu, dessen Worte er selbst flüsterte, sprach oder schrie am Kreuz von Golgatha:

Mein Gott, mein Gott, warum hast du mich verlassen?
Ich schreie, aber meine Hilfe ist ferne.
    Mein Gott, des Tages rufe ich, doch antwortest du nicht,
    und des Nachts, doch finde ich keine Ruhe.

Sprecher*in:
Aus der Tiefe rufe ich zu dir:
Herr, öffne deine Ohren,
aus der Tiefe rufe ich zu dir:
Ich bin hier ganz verloren.

Du aber bist heilig,
der du thronst über den Lobgesängen Israels.
    Unsere Väter hofften auf dich;
    und da sie hofften, halfst du ihnen heraus.

Sprecher*in:
Aus der Tiefe rufe ich zu dir:
Herr, achte auf mein Flehen,
aus der Tiefe rufe ich zu dir:
Ich will nicht untergehen.

Zu dir schrien sie und wurden errettet,
sie hofften auf dich und wurden nicht zuschanden.
    Sei nicht ferne von mir, denn Angst ist nahe;
    denn es ist hier kein Helfer.
Aber du, Herr, sei nicht ferne;
meine Stärke, eile, mir zu helfen!

Sprecher*in:
Aus der Tiefe rufe ich zu dir:
Nur dir will ich vertrauen,
aus der Tiefe rufe ich zu dir:
Auf dein Wort will ich bauen.

Bitte beten Sie mit mir:

Aus der Tiefe, Gott, aus unserer Tiefe ...
Sag, hörst du uns rufen?

Wir wissen nicht, wohin wir uns wenden sollen,
wenn nicht zu dir;
wir hoffen auf dich, sehnen uns nach dir.
Lass unsere Rufe nicht verhallen, Gott,
lass dich bewegen von Klang und Laut
und höre auch dann noch, wenn wir verstummt sind
und nur noch schweigen können.
Das bitten wir dich, Gott,
sei ganz Ohr!
Amen

**Lied: Holz auf Jesu Schulter ... (EG 97,1–3.6)**

Impuls:

Klagen

Eine Woche soll es sein, in der wir auf Klänge, auf Töne und Laute achten, wie sie in der Geschichte vom Leiden und Sterben Jesu und in unseren eigenen Passions- und Leidensgeschichten anklingen und laut werden. Klänge, Laute, die das Leben uns einschreibt. Das Klagen sei heute der erste Laut, der erste, schwere Ton.

Die Klage kommt uns ab und an über die Lippen, und vom Klagen ist in der Bibel immer wieder die Rede – was sag ich: immer wieder, vielmehr: oft. Denn zu klagen, das ist eine der menschlichsten Lebensäußerungen. Wir leben immer auch als gebrochene Menschen, verletzt, furchtsam, ratlos – auch beglückt, erfreut und zufrieden – aber beides miteinander gehört zu unserem Menschsein. Darum hat die Klage ihren Ort im Herzen, darum kommt uns das Klagelied nicht selten über die Lippen.

„An den Wassern von Babylon saßen wir und weinten" – heißt der bekannte erste Vers des 137. Psalms, da Israel seines Exils gedenkt und des Leides, das es dabei erfahren hat. An den Wassern unserer Flüsse und Bäche zu sitzen und zu klagen – das ist uns nicht fremd.

Sitzen und weinen, sitzen und klagen – die Klage scheint etwas recht Passives zu sein. Wer klagt, erleidet, der tut nichts, der sitzt und lässt's über sich ergehen.

Die Bibel versteht das Klagen anders – das wird in Jesu Leidensgeschichte überaus sichtbar. Wenn er im Garten Gethsemane kauert und fleht, der Kelch möge an ihm vorübergehen, wenn er am Kreuz schreit: „Mein Gott, mein Gott, warum hast du mich verlassen?“, dann ist das tiefe, menschliche Klage – und doch höchst aktives Klagen. Denn der da klagt, bleibt bei sich selbst, bringt sich selbst und seinen Schmerz, seine Verzweiflung ins Spiel. Jesus erduldet nicht einfach, Jesus nimmt an und spricht aus, schreit heraus, welchen Jammer er duldet.

Klagen. Dies eine Wort hat Weiterungen. Wer klagt, kann sich be-klagen und fragt dann: „Muss das sein? Sag, Gott, muss das sein? Welchen Sinn hat das alles? Was soll ich lernen?“ Wer sich be-klagt, versteht die Klage als Frage und sucht Antwort.

Und wer klagt, der mag auch an-klagen. Der fragt: „Warum lässt du das zu? Warum schlägst du mich? Was habe ich getan? Was soll das? Gott, rechtfertige dich!“ Wer an-klagt, fordert Gott heraus und sucht Antwort.

Geht das? Dürfen wir das? Uns beklagen, Gott anklagen? Dürfen wir schreien, weinen, uns auflehnen, unzufrieden sein?

Zuerst: Gott und ich, Gott und wir, das ist eine Liebesbeziehung: Ihr seid meine Freunde, sagt Gott zu uns; ich bin dir zugetan, sage ich zu ihm. Und jede Liebesbeziehung hat nur dann eine Zukunft, wenn die Liebenden wahrhaftig sind zueinander, wenn das, was sich dazwischendrängt, was unverständlich bleibt, was schmerzt, auch benannt wird.

Und dann: Es ist gerade die Geschichte vom Leiden und Sterben Christi, die erzählt, dass Gott auf Menschenleid hört. In den Tränen dessen, der weint in Gethsemane, im Zittern dessen, der sich fürchtet in der Nacht, in der Enttäuschung des Verratenen, im Schrei des Gefolterten und im Verstummen des Angeklagten, im wunden Rücken dessen, der geschlagen wurde, in der Last des Kreuzes, auf nackte

Schultern gelegt, im Schrei des Gekreuzigten – da wird uns ein Blick gewährt in das Herz des mitleidenden Gottes. Er hat sich auf den Weg gemacht, auf den schweren, weil er gehört hat, dass Menschen leiden, dass Menschen klagen.

Und er hat nicht gesagt: „Hört auf zu klagen!" – nein, er hat gesagt: „Hier bin ich! Ich habe mich bewegen lassen!"

Amen

**Kurzes musikalisches Zwischenstück**

Gebet in der Stille:

Jede und jeder ist eingeladen, ihre und seine Bitten, Gedanken, Anliegen in der Stille zum Kreuz zu bringen. Anliegen und Gedanken werden in einem Klang, einem Ton zu Gott gebracht. Das scheppernde Becken für das, was mich aufwühlt, die wohltönende Klangschale für das, was mich beglückt, das klingende Triangel für das, was mich umtreibt, bewegt, auf dem Herzen oder am Herzen liegt.
Nach einigen Bitten und Klängen stimmen wir jeweils das **„Kyrie …"** (EG 178.9) an.
(Liturg*in spricht jeweils: „Gott, wir bitten dich, nimm dich unserer an. Kyrie eleison", dann stimmen alle in den Kyrie-Gesang ein: **„Kyrie …"**)

Gebet zu Beginn der Stille (Liturg*in):

Gott, du hörst,
du hörst die Stimme unserer Herzen,
hörst Sehnsucht und Schmerz,
Fragen und Freude.
Du hörst uns und wir sagen dir alles,
was in uns brennt und was in uns leuchtet,
was uns auf den Schultern liegt und beschwert,
was uns das Leben leicht macht, dass es eine Lust ist.

Hier sind wir, Gott,
in der Stille sagen wir dir, was zu sagen ist:
Gott, wir bitten dich, nimm dich unserer an – Kyrie eleison …

Stille – **Kyrie eleison …**

**Vaterunser**

**Lied: Korn, das in die Erde … (EG 98,1–3)**

(Einladung zur „Zeit der Stille“ am Kardienstag: Seufzen)

Segen:

Der selber schrie, hört dein Schreien,
der selbst verstummte, hört in dein Schweigen hinein,
der selbst klagte, hört deine Klage, tröstet dich!

So segnet und behütet dich Gott,
der Liebevolle, der Menschenfreundliche,
der Vater, der Sohn und der Heilige Geist.
Amen

**Musikalisches Nachspiel**

# Seufzen: Zeit der Stille am Kardienstag

**Musikalisches Vorspiel**

Votum – Amen

(Begrüßung)

Heute geht es um den Klang und den Laut des Seufzens.

Beten wir im Wechsel den 22. Psalm, den Leidenspsalm Jesu, dessen Worte er selbst flüsterte, sprach oder schrie am Kreuz von Golgatha (siehe Karmontag).

**Lied: Holz auf Jesu Schulter ... (EG 97,1–3.6)**

Impuls:

Seufzen

Er mag geseufzt haben, immer wieder einmal, Jesus, der Mann aus Nazareth, der über die Straßen gewandert ist in der Tageshitze und in der Kälte der Nacht. Er mag geseufzt haben über lange Wege, über begriffsstutzige Freunde und aufdringliche Gaffer, über die Last der vielen, vielen Kranken und Belasteten, über die Missgunst seiner

Gegner und die gefährliche Präsenz der Besatzungsmacht aus Rom. Manchmal erzählen die Evangelien von Jesu Ungeduld, seinem Ärger, seinem Zorn oder seiner Betrübnis – da liegt es nahe, dass er auch diesen Ton kannte, diesen menschlich-allzumenschlichen Laut des Seufzens: „Mein Gott, können die mich nicht einfach mal in Ruhe lassen mit ihrer Besserwisserei, diese Schriftgelehrten. Meine Güte, ich bräuchte mal eine Pause von allem Reden, Heilen und Wunder tun. Bitte, lasst mich doch mal schlafen!"

Ich bin sicher, Jesus hat geseufzt, ab und an, vielleicht mal wohlig und zufrieden, wenn der Lammbraten schmeckte oder er sich bei der Hochzeit müde getanzt hat, zumeist aber wohl doch, weil es anstrengend ist, das Leben als Hoffnungsträger, als Liebender.

Sehr menschlich hat er geseufzt – und das Seufzen ist ein Laut, der uns auch aus dem Herzen kommt. „Ach Gott, ich bin so müde vom Seufzen", klagt einer im 6. Psalm, und ich kann diese Müdigkeit nachfühlen, wenn mir die Kraft ausgegangen ist und alles Tun und Lassen zur Anstrengung wird. „Mein Leben ist hingeschwunden in Kummer und meine Jahre in Seufzen", heißt es im 31. Psalm. Seufzen – ein menschlicher und oft genug schmerzlicher Laut.

Ein göttlicher auch? Hört Gott unser Seufzen nur – oder kennt er es auch?

Im Römerbrief des Paulus gibt es diese ganz wunderbaren Zeilen, in denen Paulus Gott und Welt ganz eng zusammenbindet.

Dort ist zu lesen (Römer 8,22.23.26):

Denn wir wissen, dass die ganze Schöpfung bis zu diesem Augenblick seufzt und in Wehen liegt. Nicht allein aber sie, sondern auch wir selbst, die wir den Geist als Erstlingsgabe haben, seufzen in uns selbst und sehnen uns nach der Kindschaft, der Erlösung unseres Leibes. Desgleichen hilft auch der Geist unsrer Schwachheit auf. Denn wir wissen nicht, was wir beten sollen, wie sich's gebührt, sondern der Geist selbst tritt für uns ein mit unaussprechlichem Seufzen.

Paulus weiß: Gott seufzt, das Leiden seiner Kreatur geht ihm nahe. Dass wir Schmerzen haben und Angst, dass seine Welt bedroht ist und Eisbär, Tiger und Delfin vom Aussterben bedroht sind, das lässt ihn nicht kalt, das tut ihm im Herzen weh.

Das ist sehr menschlich von Gott gesprochen – aber anders will er es nicht. In Jesus ist er Mensch geworden, in Jesus hat er sein menschliches Antlitz gezeigt, in Jesus hat er sich zur Last gemacht, was uns den Rücken beugt. Anders will Gott es nicht, weil er uns liebt. Und Liebende seufzen miteinander, seufzen und tragen.

Noch einmal aus den Psalmen! Im 12. Psalm spricht Gott: „Weil die Elenden Gewalt leiden und die Armen seufzen, darum will ich jetzt aufstehen. Ich will Hilfe schaffen dem, der sich danach sehnt."

... dem, der sich danach sehnt.

Sehne ich mich danach? Ja, Gott, ich sehne mich, dass es zum Seufzen ist manchmal.

Amen

**Kurzes musikalisches Zwischenstück**

Gebet in der Stille:

Jede und jeder ist eingeladen, ihre und seine Bitten, Gedanken, Anliegen in der Stille zum Kreuz zu bringen. Anliegen und Gedanken werden in einem Klang, einem Ton zu Gott gebracht. Das scheppernde Becken für das, was mich aufwühlt, die wohltönende Klangschale für das, was mich beglückt, das klingende Triangel für das, was mich umtreibt, bewegt, auf dem Herzen oder am Herzen liegt.

Nach einigen Bitten und Klängen stimmen wir jeweils das **„Kyrie ..."** (EG 178.9) an.

(Liturg*in spricht jeweils: „Gott, wir bitten dich, nimm dich unserer an. Kyrie eleison", dann stimmen alle ein den Kyrie-Gesang ein: **„Kyrie ..."** (EG 178.9))

Gebet zu Beginn der Stille (Liturg*in):

Gott, du hörst,
du hörst die Stimme unserer Herzen,
hörst Sehnsucht und Schmerz,
Fragen und Freude.
Du hörst uns und wir sagen dir alles,
was in uns brennt und was in uns leuchtet,
was uns auf den Schultern liegt und beschwert,
was uns das Leben leicht macht, dass es eine Lust ist.
Hier sind wir, Gott,
in der Stille sagen wir dir, was zu sagen ist:
Gott, wir bitten dich, nimm dich unserer an – Kyrie eleison ...

Stille – **Kyrie eleison ...**

**Vaterunser**

**Lied: Korn, das in die Erde ... (EG 98,1–3)**

(Einladung zur „Zeit der Stille" am Karmittwoch: Lallen)

Segen:

Dein Seufzen verklingt nicht,
dein Seufzen findet Ohren,
dein Seufzen bleibt nicht ohne Antwort!

So segnet und behütet dich Gott,
der Liebevolle, der Aufmerksame,
der Vater, der Sohn und der Heilige Geist.
Amen

**Musikalisches Nachspiel**

# Lallen: Zeit der Stille am Karmittwoch

**Musikalisches Vorspiel**

Votum – Amen

(Begrüßung)

Heute geht es um den Klang und den Laut des Lallens.

Beten wir im Wechsel den 22. Psalm, den Leidenspsalm Jesu, dessen Worte er selbst flüsterte, sprach oder schrie am Kreuz von Golgatha (siehe Karmontag).

**Lied: Holz auf Jesu Schulter … (EG 97,1–3.6)**

Impuls:

Lallen

Die Spötter und die Empörten, sie haben ihn einen Zöllner, einen losen Buben und einen Weinsäufer geschimpft: Jesus. Harte Worte sind das, übles Gerede – aber so ein klein wenig entbehren diese Vorwürfe nicht der Grundlage: Auf dem Hochzeitsfest in Kana hat er Wasser zu Wein verwandelt – und dahinter steckt nicht irgendeine weihevolle

Handlung; er hat schlicht dafür gesorgt, dass sich die Festgäste ihren kleinen Schwips antrinken konnten. Und Jesus war doch auch sonst kein Kostverächter: Er hat sich zu Festen einladen lassen, hat die, die es ihm gut gehen lassen wollten, nicht abgewiesen. Wenn darum heute vom Lallen die Rede ist, dann mag einer daran denken, dass Jesus vielleicht auch schon einmal ein Räuschchen gehabt hat – das klingt respektlos, ist aber nicht aus der Welt. Er war ein Mensch mit menschlichen Leidenschaften, er mag den Tanz geliebt haben – das wäre für seine Zeit nicht ungewöhnlich –, er mag gesungen haben und gelacht, er liebte laue Sommerabende und die Gespräche mit Freunden. Er war ein Mensch mit Leidenschaften.

Und in ihm zeigte sich Gott. Der ist ein Gott mit Leidenschaften – einer, der leidenschaftlich liebt vor allem.

Uns liebt, jede und jeden. Und diese Liebe gibt dem Lallen einen anderen Ton. Berauscht von Liebe lallt Gott, aus Jesu Mund können wir das hören. Im 22. Psalm, dessen Anfang uns durch die Karwoche begleitet, im Leidenspsalm Jesu, betete er damals am Kreuz: „Mein Gott, warum hast du mich verlassen? Meine Kräfte sind vertrocknet wie eine Scherbe und meine Zunge klebt mir am Gaumen!" Was kann einer noch tun, dessen Zunge gelähmt ist vom schmerzlichen Tod, was kann der noch tun außer lallen, kraftlos und verzweifelt?

Das kann Menschen so gehen: dass ihnen die Spucke wegbleibt, dass die Zunge ihnen nicht mehr gehorcht und sie nur noch ungereimtes Zeug über die Lippen bringen – nicht, weil es ihnen so gut geht, sondern weil sie den Rand des Lebens, den Rand der Sprache und ihrer Kraft erreicht haben. Weil ihre Seele nur noch lallen kann.

So kann es Menschen gehen – und darum lässt Gott es sich auch so ergehen. Er liebt leidenschaftlich und nimmt Anteil an dem, was uns Leiden schafft. Nimmt Anteil und lallt im selben Schmerz, in derselben Mut- und Hoffnungslosigkeit.

Gott lallt, wie wir lallen – und bleibt doch nicht dabei. Er geht mit uns in unsere Not – aber nimmt uns mit in sein Glück. Auf unser Lallen antwortet er mit einem kräftigen klaren Wort. Ich lebe, und ihr sollt auch leben, sagt ebenjener Jesus, der den Tod mit uns teilt. Und dann wird unser Lallen vergehen, die Stimme wird frei sein und Lieder singen, weil Gott sein Wort gibt und uns die Melodien schreibt, auf die wir uns verlassen können.

„Die Zunge der Stammelnden wird fließend und klar reden", verheißt er beim Propheten Jesaja – und wenn wir dann noch stammeln und lallen, dann nur noch vor Glück, dass wir frei sind und lebendig. „Meine Zunge soll singen von deinem Wort, denn dein Wort ist wahrhaftig", freut sich einer im 119. Psalm – und wir werden einstimmen, in dieser Zeit schon ab und an, und dann auf immer.

Amen

**Kurzes musikalisches Zwischenstück**

Gebet in der Stille:

Jede und jeder ist eingeladen, ihre und seine Bitten, Gedanken, Anliegen in der Stille zum Kreuz zu bringen. Anliegen und Gedanken werden in einem Klang, einem Ton zu Gott gebracht. Das scheppernde Becken für das, was mich aufwühlt, die wohltönende Klangschale für das, was mich beglückt, das klingende Triangel für das, was mich umtreibt, bewegt, auf dem Herzen oder am Herzen liegt.

Nach einigen Bitten und Klängen stimmen wir jeweils das **„Kyrie …"** (EG 178.9) an.

(Liturg*in spricht jeweils: „Gott, wir bitten dich, nimm dich unserer an. Kyrie eleison", dann stimmen alle ein den Kyrie-Gesang ein: **„Kyrie …"**)

Gebet zu Beginn der Stille (Liturg*in):

Gott, du hörst,
du hörst die Stimme unserer Herzen,
hörst Sehnsucht und Schmerz,
Fragen und Freude.
Du hörst uns und wir sagen dir alles,

was in uns brennt und was in uns leuchtet,
was uns auf den Schultern liegt und beschwert,
was uns das Leben leicht macht, dass es eine Lust ist.
Hier sind wir, Gott,
in der Stille sagen wir dir, was zu sagen ist:
Gott, wir bitten dich, nimm dich unserer an – Kyrie eleison …

Stille – **Kyrie eleison …**

**Vaterunser**

**Lied: Korn, das in die Erde … (EG 98,1–3)**

(Einladung zur „Zeit der Stille“ am Gründonnerstag: Flehen)

Segen:

Lallen und Lachen,
Singen und Seufzen,
Schweigen und Schmerz
teilt Gott mit dir!

So segnet und behütet dich Gott,
der Liebevolle, der Aufmerksame,
der Vater, der Sohn und der Heilige Geist.
Amen

**Musikalisches Nachspiel**

# Flehen: Mahlfeier am Gründonnerstag

**Musikalisches Vorspiel**

Votum – Amen

(Begrüßung)

Heute feiern wir das Gedächtnismahl miteinander und hören auf den Klang und den Laut des Flehens.

Beten wir im Wechsel den 22. Psalm, den Leidenspsalm Jesu, dessen Worte er selbst flüsterte, sprach oder schrie am Kreuz von Golgatha (siehe Karmontag).

**Ehre sei dem Vater und dem Sohn und dem Heiligen Geist,**
**wie es war im Anfang, jetzt und immerdar**
**und von Ewigkeit zu Ewigkeit. Amen**

Bitte beten Sie mit mir:

Aus der Tiefe, Gott, aus unserer Tiefe ...
Sag, hörst du uns, wie wir beten, fragen und rufen?
Wir wissen nicht, wohin wir uns wenden sollen,
wenn nicht zu dir;

wir hoffen auf dich.
Lass unser Rufen nicht ohne Antwort, Gott.
lass dich bewegen von unseren Stimmen,
vom Klang unserer Trauer,
vom Wortlaut unserer Fragen.
und höre auch dann noch, wenn wir verstummt sind
und nur noch schweigen können.
Das bitten wir dich, Gott,
öffne deine Ohren und dein Herz für uns.
Das bitten wir dich, Gott:

**Kyrie eleison ... (EG 178.10)**

Gott hört uns und er schweigt nicht. Hört, wie Gott uns tröstet:

Christus spricht: Ich bin das lebendige Brot,
das vom Himmel gekommen ist.
Wer von diesem Brot isst, der wird leben in Ewigkeit.

Ehre sei Gott in der Höhe –
**und auf Erden Fried und den Menschen ein Wohlgefallen.**

**Lied: Holz auf Jesu Schulter ... (EG 97,1–3)**

Impuls:

Flehen

Liebe Gründonnerstagsgemeinde,
wir befinden uns wieder mitten in der Karwoche, die in diesem Jahr begangen wird als „Woche mit Klang und Laut“, eine Woche also, in der wir auf die Geschichte von der Passion Jesu lauschen, in der wir hinhören auf das, was im buchstäblichen Sinn Laut wird, was zur Sprache kommt, was Klang und Stimme erhält.

Von Klagen, Seufzen und Lallen war die vergangenen drei Tage die Rede, heute wird es um den Laut des „Flehens“ gehen.

Das Flehen liegt nahe, liegt sehr nahe in der Passionsgeschichte, und besonders am heutigen Gründonnerstag. Denn als Jesus am Abend, nach dem letzten Mahl mit seinen Jüngern, in den Garten Gethsemane, in den Ölbaumgarten, ging, da flehte er.

So erzählt Lukas davon:

Lesung: Lukas 22,39–46

„Vater, ist's möglich, so gehe dieser Kelch an mir vorüber.“ Diesen Satz legt Matthäus Jesus in den Mund in seinem Evangelium. Dass dieser Kelch an mir vorübergehe – wir kennen diesen Stoßseufzer als geflügeltes Wort, und wenn er uns über die Lippen geht, dann heißt das: Wir hoffen, dass uns das Schicksal nicht treffen möge, dass das, was wir befürchten, nicht eintritt, das wir verschont bleiben von einer Not, die wir schon ahnen.

Jesu Flehen und unser Flehen – da sind wir einander verwandt, wir können gut nachempfinden, was Jesus belastete. Die Angst vor dem Kreuz, die Angst vor Leid und Tod, die ist uns alles andere als fremd. Wir haben uns alle schon unsere Sorgen gemacht – und manche von Ihnen, die die Zeit nach dem Krieg, die Zeit von Flucht und Hunger noch gekannt haben, die haben am eigenen Leib verspürt, was Angst bedeutet, und was Flehen heißt, Flehen um Rettung, um Verschonung, um Hilfe, um ein Stück Brot. Das Flehen Jesu ist uns vertraut.

Aber umgekehrt gilt es genauso: Unser Flehen ist Jesus, ist Gott vertraut. Er weiß, was uns im Herzen bewegt, was in der Seele brennt, was uns verletzt und was uns Angst und Sorge macht, er weiß es, fühlt es mit und nimmt es ernst.

Und darum überhört er es auch nicht.

„Gott hat mich gehört und gemerkt auf mein Flehen!“, betet König David im 66. Psalm. Gott hat aufgemerkt. Das ist es besonders, was ich von der Geschichte des Flehens Jesu im Ölbaumgarten lerne: Gott merkt auf, Gott ist aufmerksam. Er hört hin, er lässt sich bewegen.

Mit diesem aufmerksamen Gott leben wir unsere Tage; und darum können und dürfen wir sooft flehen, wie uns danach ist, sooft seufzen und klagen und rufen, wie es nötig ist. Das will er so, er will, dass wir uns ihm anvertrauen. „Herr, erhöre mein Gebet und vernimm mein Flehen um deiner Treue willen!“, betet David in einem anderen Psalm. Und das ist Gott, Gott ist treu, steht zu uns, geht mit uns, weicht nicht von unserer Seite, darauf können wir uns verlassen.

Amen

**Lied: Kommt her, ihr seid geladen … (EG 213,1.2)**

Der unser Rufen, Flehen, Seufzen hört,
der uns Hoffnung gibt auf Antwort und Hilfe,
unser Gott, der lädt uns ein an seinen Tisch.

Erhebet eure Herzen!
Lasst uns Dank sagen dem Herrn, unserem Gott.

Ja, unser Gott, recht ist
und von Herzen kommt unser Dank.
Du sorgst dich um uns,
du reichst uns, was wir brauchen,
und mehr, viel mehr,
aus deiner Fülle schenkst du,
und sparst mit deiner Liebe nicht.
Dafür danken wir dir, auch wenn wir es nicht begreifen,
danken wir dir mit Herz und Sinnen und Verstand,
und mit deiner Schöpfung stimmen wir ein in den Lobgesang der Engel:

**Heilig, Heilig …**

Unser Herr, Jesus Christus, in der Nacht, da er verraten ward …
Desgleichen nahm er auch den Kelch …

Gepriesen seist du, unser Gott, für das Brot,
die Frucht der Erde und der menschlichen Arbeit.
Wir schmecken deine Gegenwart.
Gepriesen seist du, unser Gott, für den Wein,
die Frucht der Erde und der menschlichen Arbeit.
Wir feiern deine Liebe.
Gepriesen seist du mit dem Gebet, das Christus uns gelehrt hat:

**Vaterunser**

Und sooft ihr von diesem Brot esst und von diesem Kelch trinkt,
verkündet ihr den Tod und die Auferstehung Christi,
bis er kommt in Herrlichkeit.

**Christe, du Lamm Gottes ...**

Und nun kommt, denn es ist alles bereit.

Kommunion

**Lied (als Dankgebet): Im Frieden dein ... (EG 222,1–3)**

Segen:

Der dein Flehen hört, der steht zu dir.
Der dein Flehen hört, der lässt sich bewegen.
Der dein Flehen hört, der weicht nicht von deiner Seite.

So segnet und behütet dich Gott,
der Aufmerksame und Zugewandte,
der Vater, der Sohn und der Heilige Geist.

**Amen, Amen, Amen**

**Orgelnachspiel**

# Gott schreit: Gottesdienst zu Karfreitag

**Orgelvorspiel**

**Lied: Herr, stärke mich … (EG 91,1–3.9)**

Votum – **Amen**

Begrüßung:
Herzlich begrüße ich Sie zum Gottesdienst am Karfreitag, diesem menschlichsten und göttlichsten aller Feiertage, weil er die unbedingte Menschenliebe Gottes zeigt wie kein anderer, diese Liebe, die bereit ist, sich selbst zu geben, damit wir die Fülle des Lebens haben, damit Angst und Tod besiegt sind.

In dieser Karwoche haben uns Klänge und Laute begleitet, die uns erschließen, wie nah, wie menschlich nah uns der Gott ist, von dem die Passionsgeschichte erzählt.

Hier sehen Sie Klangschale, Becken und Triangel, die uns mit ihren unterschiedlichen Klängen geholfen haben, in der Stille zu beten.

Der menschenfreundliche Gott, dessen Liebe ohne Grenze ist, unser Gott, der sei mit euch – **und mit deinem Geist**

Beten wir im Wechsel den 22. Psalm, den Leidenspsalm Jesu, dessen Worte er selbst flüsterte, sprach oder schrie am Kreuz von Golgatha (siehe Karmontag).

**Ehre sei dem Vater und dem Sohn und dem Heiligen Geist,**
**wie es war im Anfang, jetzt und immerdar**
**und von Ewigkeit zu Ewigkeit. Amen**

Bitte beten Sie mit mir:

Gott, hörst du mein Rufen, mein Schreien,
merkst du, wenn ich verstumme
und nicht einmal mehr die Klage über meine Lippen geht?
Wenn du mich hörst,
dann spüre ich es nicht,
wenn du meine Rufe hörst,
dann bleibst du mir doch die Antwort schuldig.
So fühlt sich das an jedenfalls.
Vielleicht, weil ich nicht aufmerksam genug bin,
vielleicht, weil du zu leise sprichst?
Gott, hilf dir und mir,
sprich deutlich,
handle spürbar.

**statt Kyrie: Lied: Holz auf Jesu Schulter … (EG 97,1)**

Gott nimmt sich unser an. Hört, was Gott uns zusagt:

Im 6. Psalm heißt es:
Gott hört mein Weinen, Gott hört mein Flehen, mein Gebet nimmt Gott an!
Amen

**Lied: Holz auf Jesu Schulter … (EG 97,2.3.6)**

Lesung der Passionsgeschichte, wie das Johannesevangelium sie erzählt (Kapitel 19,1-30) – dazwischen:

**Lied: Ubi caritas ... (lateinisch und deutsch, BEL 608, BT 651, W 571.1)**

Pilatus nahm Jesus und ließ ihn geißeln.

Und die Soldaten flochten eine Krone aus Dornen und setzten sie auf sein Haupt und legten ihm ein Purpurgewand an und traten zu ihm und sprachen: Sei gegrüßt, König der Juden! und schlugen ihm ins Gesicht.

**Ubi caritas ...**

Da ging Pilatus wieder hinaus und sprach zu den Menschen: Seht, ich führe ihn heraus zu euch, damit ihr erkennt, dass ich keine Schuld an ihm finde.

Und Jesus kam heraus und trug die Dornenkrone und das Purpurgewand. Und Pilatus spricht zu ihnen: Seht, welch ein Mensch!

**Ubi caritas ...**

Als ihn die Hohenpriester und die Knechte sahen, schrien sie: Kreuzige! Kreuzige! Pilatus spricht zu ihnen: Nehmt ihr ihn hin und kreuzigt ihn, denn ich finde keine Schuld an ihm.

Die Leute antworteten ihm: Wir haben ein Gesetz und nach dem Gesetz muss er sterben, denn er hat sich selbst zu Gottes Sohn gemacht.

Als Pilatus dies Wort hörte, fürchtete er sich noch mehr und ging wieder hinein in das Prätorium und spricht zu Jesus: Woher bist du? Aber Jesus gab ihm keine Antwort.

Da sprach Pilatus zu ihm: Redest du nicht mit mir? Weißt du nicht, dass ich Macht habe, dich loszugeben, und Macht habe, dich zu kreuzigen?

Jesus antwortete: Du hättest keine Macht über mich, wenn es dir nicht von oben her gegeben wäre.

Von da an trachtete Pilatus danach, ihn freizulassen. Die Leute aber schrien: Lässt du diesen frei, so bist du des Kaisers Freund nicht; sie schrien aber: Weg, weg mit dem! Kreuzige ihn! Spricht Pilatus zu ihnen: Soll ich euren König kreuzigen? Die Hohenpriester antworteten: Wir haben keinen König als den Kaiser.

Da überantwortete er Jesus, dass er gekreuzigt würde.

**Ubi caritas ...**

Sie nahmen ihn aber und er trug sein Kreuz und ging hinaus zur Stätte, die da heißt Schädelstätte, auf Hebräisch Golgatha.

Dort kreuzigten sie ihn und mit ihm zwei andere zu beiden Seiten, Jesus aber in der Mitte.

Pilatus aber schrieb eine Aufschrift und setzte sie auf das Kreuz; und es war geschrieben: Jesus von Nazareth, der König der Juden.

**Ubi caritas ...**

Als aber die Soldaten Jesus gekreuzigt hatten, nahmen sie seine Kleider und machten vier Teile, für jeden Soldaten einen Teil, dazu auch das Gewand. Das war aber ungenäht, von oben an gewebt in einem Stück.

Da sprachen sie untereinander: Lasst uns das nicht zerteilen, sondern darum losen, wem es gehören soll. So sollte die Schrift erfüllt werden, die sagt: „Sie haben meine Kleider unter sich geteilt und haben über mein Gewand das Los geworfen." Das taten die Soldaten.

Es standen aber bei dem Kreuz Jesu seine Mutter und seiner Mutter Schwester, Maria, die Frau des Klopas, und Maria von Magdala.

Als nun Jesus seine Mutter sah und bei ihr den Jünger, den er liebhatte, spricht er zu seiner Mutter: Frau, siehe, das ist dein Sohn!

Danach spricht er zu dem Jünger: Siehe, das ist deine Mutter! Und von der Stunde an nahm sie der Jünger zu sich.

**Ubi caritas ...**

Danach, als Jesus wusste, dass schon alles vollbracht war, spricht er, damit die Schrift erfüllt würde: Mich dürstet.

Da stand ein Gefäß voll Essig. Sie aber füllten einen Schwamm mit Essig und steckten ihn auf ein Ysoprohr und hielten es ihm an den Mund.

Als nun Jesus den Essig genommen hatte, sprach er: Es ist vollbracht!, und neigte das Haupt und verschied.

**Ubi caritas (2x) ...**

## Gott schreit – Predigt zu Matthäus 27,45–50

Wie der Hirsch lechzt nach frischem Wasser, so schreit meine Seele, Gott, zu dir. Amen

Hören wir auf Gottes Wort zum heutigen Karfreitag, aus dem Evangelium des Matthäus, im 27. Kapitel, die Verse 45–50.

In den 60er-Jahren des vergangenen Jahrhunderts entwickelte der US-amerikanische Psychologe Arthur Janov eine höchst umstrittene Therapieform, die in der psychologischen Fachwelt gar als recht gefährlich eingestuft wird: die Urschreitherapie; vielleicht haben Sie schon einmal davon gehört. Eine Zeit lang war sie Mode, auch unter der Prominenz, John Lennon von den Beatles hat sogar ein Lied daraus gemacht. Warum erzähle ich das? Weil diese etwas windige Therapie eines vor allem gezeigt hat: Es gibt eine Sehnsucht nach dem Schreien.

Zu schreien ist nämlich bei weitem nicht so leicht, wie wir denken könnten. Sollte doch ganz einfach sein, würde ich sagen, es braucht nur genug Zorn oder Angst, Verletzung und Empörung – und dennoch, in unserer Kultur, unserer Gesellschaft gilt das Schreien als unbeherrscht. Schon das wild-frohe Kindergeschrei wirkt auf manche Menschen störend – und ich kann das ein wenig nachvollziehen, wenn mir nach einem Vormittag in der Schule die Ohren klingeln.

Schreien ist unflätig, wenigstens unfein, von Menschen in Amt und Würde, von Politikern, Bischöfen und Bürgermeistern, Pfarrern wohl auch, wird erwartet, dass sie diplomatisch sprechen, gesetzt und bedacht, und nicht herumpöbeln und brüllen. Gebrüllt wird in der Fußballarena auf Schalke, geschrien wird bei der Protestkundgebung vor der Pleitefirma, gegeifert wird in der Talkshow bei RTL – darum würden Sie mich überall dort eher nicht finden. Da sind wir doch ruhigere, gesetztere Leute. Schreien, das tun die anderen, wir nicht.

Vielleicht tun wir es auch nicht, weil wir nicht das Gesicht verlieren möchten? Ich unterstelle das mal, vorsichtig. Denn wer schreit, dessen Antlitz wird zur wütenden Fratze oder zum schmerzverzerrten Gesicht. Dem entgleiten die Gesichtszüge und selten ist eine, die schreit, ein anmutiger Anblick. Und so, hässlich und entstellt von Schmerz oder Wut, von Verzweiflung oder Leidenschaft, so wollen wir uns selber schon nicht sehen, geschweige denn: gesehen werden.

Seltsam aber: Gott scheint diese Imageprobleme nicht zu haben. Gott schreit. In Jesus hören wir ihn schreien, wenn er am Kreuz den Mund auftut: „Und um die neunte Sunde schrie Jesus laut: Eli, eli, lama asabtani?, das heißt: Mein Gott, mein Gott, warum hast du mich verlassen?" Und im Buch des Propheten Jesaja gibt es ein wunderbares Schriftwort, in dem Gott von sich selbst sagt: „Ich schwieg wohl eine lange Zeit, war still und hielt an mich. Nun aber will ich schreien wie eine Gebärende, ich will laut rufen und schreien." „Schreien wie eine Gebärende" – die eine und der andere werden sich daran erinnern, wie das ist, wie es sich anfühlt und wie es klingt. Dies Schreien, das einem kleinen Menschen zum Leben verhilft, dies Schreien, das am Anfang eines unvergleichlichen Wunders steht.

Gott schreit. Und wenn er schreit wie eine Gebärende und wenn er schreit am Kreuz von Golgatha, dann schreit er um des Lebens willen. Und selbst wenn es heißt: „Jesus schrie laut und verschied", wie Matthäus erzählt, selbst dann geht es um das Leben, um unser Leben, um die Rettung unseres Lebens vor dem Tod.

Denn es ist unser Schrei, den Gott da schreit, der Schrei unserer Angst vor dem Tod, der Schrei unserer Verzweiflung über unsere

Endlichkeit, das Gebrüll vor Schmerzen, der Fluch unserer Vergänglichkeit, der Schrei, der sich uns entringt, wenn wir sehen und wahrnehmen, dass wir jeden und alles einmal verlieren können, sogar uns selbst.

Im Schrei Gottes am Kreuz, darin werden all unsere Schreie laut, buchstäblich zum Laut, zum Gottes-Laut. Gott hat ja viele Laute. Und zu all denen, zum Gottes-Gebote-Wort, zum machtvollen Schöpfungswort, zur hoffnungsträchtigen Verheißung, zum weisen Lebensratschlag, zur aufrüttelnden Mahnung – zu all diesen Gottesworten, mit Macht und göttlicher Weisheit gesprochen, zu all denen gehört der Gottesschrei dazu, denn dieser Schrei erst, dieser Schrei vor allen anderen Lauten Gottes, dieser Schrei ist der tiefste Ausdruck seiner Liebe.

Gott schreit unseren Schmerz, unseren Zorn, unsere Angst heraus – im Schrei ist er eins, macht er, was uns aufschreien oder verstummen lässt, zu seiner Angelegenheit. Gottes Schrei am Kreuz, das ist sein lautstarkes, schmerzverzerrtes „Ich liebe dich“. Denn Gottes Liebe kommt nicht einfach nur zärtlich und zärtelnd von oben herab, sie begnügt sich nicht mit mitleidvollen Blicken und zaghafter Zuwendung, nein, sie nimmt im wahrsten Sinne Anteil, sie macht das Leid der Geliebten zum eigenen. So macht Gott das, und darum schreit er.

Mag sein, dass das, was uns das Schreien schwer macht, dieser Umstand ist: Wer brüllt und schreit und krakeelt, der verausgabt sich selbst. Der ist ganz bei sich und zeigt sein wahres Gesicht, unverstellt – da ist dann nur noch Zorn oder Angst, Schmerz oder Leidenschaft; da ist keine Maske mehr zwischen mir und der Welt, keine Mauer, die mich schützt – wer mich schreien hört und sieht, der hört und schaut mir ins Herz, der sieht ohne Filter, wie es gerade um mich bestellt ist. Schreiend kann ich mich nicht mehr verstecken.

Und sehen Sie, Gott versteckt sich nicht. Er hat die Maske des Königs abgelegt, er zerreißt das Bild vom großen Weltenlenker fern auf dem himmlischen Thron, er wirft den Hirtenstab fort und verzichtet auf den göttlichen Purpur, er streift den alten Gottvater ab und will vom Allmächtigen nichts mehr wissen. Da er schreit, schauen wir in sein Herz, und das ist angefüllt mit leidenschaftlicher Liebe zu uns – da will er sein, wo wir sind, und gerade da, wo Menschen leiden. Da will er sein und unsere Menschlichkeit teilen, bis in letzter Konsequenz.

Gott schreit.

Ich mag die Passionslieder unseres Gesangbuch im Allgemeinen nicht sehr, aber immer wieder einmal gibt es eine Zeile, die mir sehr aus dem Herzen spricht; etwa in Christian Fürchtegott Gellerts Lied: „Herr, stärke mich, dein Leiden zu bedenken …“, das wir zum Anfang gesungen haben, da heißt es in der 2. und der 3. Strophe: „Vereint mit Gott, ein Mensch gleich uns auf Erden und bis zum Tod am Kreuz gehorsam werden, an unsrer Statt gemartert und zerschlagen – welch wundervoll hochheiliges Geschäfte, sinn ich ihm nach, so zagen meine Kräfte.“ Ja, es ist ein wundersames Geschäft, das der große Gott da ausübt, sich klein zu machen um unseretwillen, gemartert und zerschlagen sein von dem, was uns quält und zu Boden schlägt. Ich stehe staunend und sprachlos davor.

Aber hilft das schon? Was ist, wenn Gottes Schrei einfach verklingt in den Weiten des todverfallenen Kosmos, in den schwarzen Tiefen der Zeit? Gott schreit mit uns, aber wenn sein Schrei dort endet, wo unser Schreien sein Ziel hat, am Kreuz, im Grab, dann ist doch nichts geholfen! Teilt er unsere Not nur, oder ändert er sie auch?

Ich höre noch einmal, tief berührt und beeindruckt, auf das Gotteswort bei Jesaja: „Nun aber will ich schreien wie eine Gebärende!“ Um des Lebens willen schreit Gott – wenn er schreit, dann bahnt sich tatsächlich etwas Neues an, sein Schrei ist eine Geburt. Wir werden das feiern, übermorgen – dann wird aus dem Kreuzesschrei vor Schmerz und Verzweiflung ein Jubelschrei geworden sein. Da sind wir – ein für alle Mal – aus dem Tod gerettet und zum Leben befreit.

Heute höre ich Gott schreien, morgen ist Grabesstille, übermorgen aber, übermorgen singen wir, mit Gott im Einklang.

Amen

**Lied: Korn, das in die Erde … (EG 98,1–3)**

Der das Leben und den Tod teilt mit uns,
der sich hingibt, damit wir leben,
unser Gott, der lädt uns ein an seinen Tisch:

Erhebet eure Herzen – **Wir erheben sie zum Herrn.**
Lasst uns Dank sagen dem Herrn, unserem Gott – **Das ist würdig und recht.**

Liturg*in:
Gott, unser Gott, wir danken dir,
dass du in Leiden und Sterben an unsere Stelle getreten bist,
damit Versagen und Not, Schuld und Furcht
uns nicht trennen von dir und voneinander.

Sprecher*in:
Du trägst, was uns zu schwer ist,
du machst uns frei.
Dafür danken wir dir,
dafür loben wir dich,
mit allem Leben, das du geschaffen hast,
das von deinem Atem lebt und wächst und blüht,

Liturg*in:
mit allen deinen Geschöpfen stimmen wir ein
in den himmlischen Lobgesang:

**Heilig, heilig …**

Liturg*in:
Unser Herr, Jesus Christus, in der Nacht, da er verraten ward …

Sprecher*in:
Gepriesen seist du, unser Gott,
für das Brot, das Zeichen deiner Hingabe in unsere Menschlichkeit.
Wir sind geborgen in dir.

Liturg*in:
Desgleichen nahm er auch den Kelch ...

Sprecher*in:
Gepriesen seist du, unser Gott,
für den Wein, das Zeichen der Befreiung von Trennung und Tod.
Wir vertrauen uns dir an.

Liturg*in:
Gepriesen seist du, unser Gott,
mit dem Gebet, das uns Jesus gelehrt hat:

**Vaterunser**

Und sooft ihr von diesem Brot esst und aus diesem Kelch trinkt,
verkündet ihr den Tod und die Auferstehung Christi,
bis er kommt in Herrlichkeit.

**Christe, du Lamm Gottes ...**

Gott war in Christus und versöhnte die Welt mit sich selbst,
darum können wir uns auch versöhnen untereinander.
Seit Christus ans Kreuz ging, uns zugute, ist der Friede Gottes unser Weg.

Und nun kommt, denn es ist alles bereit.
Schmeckt und seht, wie freundlich unser Gott ist.

Kommunion

**Lied: Im Frieden dein … (EG 222,1+2)**

Beten wir miteinander:

Gott, du reichst uns das Brot – wir bitten für die Hungernden.
Gott du bietest uns den Kelch der Freude dar – wir bitten für die Trauernden.
Gott, du gehst an unserer Seite – wir bitten für die Einsamen.
Gott, du weinst mit uns – wir bitten für die Verzweifelten.
Gott, du trägst unsere Last – wir bitten für die Zerbrochenen.
Gott, du liebst uns – wir beten für die Gleichgültigen und die Ungeliebten.

Du bist gekommen, Gott, damit diese Welt Zukunft habe,
du bist gekommen, weil du deine Geschöpfe liebst.
Hilf uns, deine Boten zu sein.
Amen

**Lied: Im Frieden dein … (EG 222,3)**

Segen:

Dein Schrei in seinem Schrei,
dein Schmerz in seinem Schmerz,
deine Klage in seiner Klage,
dein Leben in seiner Liebe!

So segnet und behütet dich Gott,
der Liebevolle und Lebendige,
der Vater, der Sohn und der Heilige Geist.

**Amen, Amen, Amen**

**Orgelnachspiel**

# Verstummen: Zeit der Stille am Karsamstag

**Musikalisches Vorspiel**

Votum – **Amen**

(Begrüßung)

Heute geht es um das Ende aller Klänge und Laute, um das Verstummen.

Beten wir im Wechsel den 22. Psalm, den Leidenspsalm Jesu, dessen Worte er selbst flüsterte, sprach oder schrie am Kreuz von Golgatha (siehe Karmontag).

Bitte beten Sie mit mir:

Aus der Tiefe, Gott, aus unserer Tiefe ...
Sag, hörst du uns rufen?
Wir wissen nicht, wohin wir uns wenden sollen,
wenn nicht zu dir;
wir hoffen auf dich, sehnen uns nach dir.
Lass unsere Rufe nicht verhallen, Gott,
lass dich bewegen von Klang und Laut
und höre auch dann noch, wenn wir verstummt sind

und nur noch schweigen können.
Das bitten wir dich, Gott,
sei ganz Ohr!
Amen

**Lied: Holz auf Jesu Schulter … (EG 97,1–3.6)**

Impuls:

Verstummen

Heute gibt es nicht viel zu sagen. Heute gilt es zu schweigen. Gestern, am Karfreitag, haben wir des Sterbens Jesu gedacht und uns betreffen lassen von seinem Schmerz und von dieser abgrundtiefen Endgültigkeit seines Todes. Karsamstag ist die Zeit des Wartens, des Gedächtnisses, der Stille vor dem Grab. Vor dem Grab sind nicht viele Worte zu machen, da stehen wir zwischen Bangen und Hoffen. Hoffen, dass er auferstehen möge, dass wahr werde, was er verheißen hat – und am dritten Tage werde ich auferstehen – und dem Bangen, dass alles doch umsonst und ein Traum war. Am Kreuz ist doch alles gescheitert, am Kreuz schrie er, starb er und war dann stumm. Kein gutes Wort mehr, keine heilende Geste, keine dieser guten Geschichten mehr, die er erzählt hat, die Mut machten und herausforderten, kein heilsamer Trost mehr, kein Lachen und Lächeln.

Es ist alles gesagt – uns fällt zu sagen nichts mehr ein. Er ist verstummt, die Seelen sind verstört. Ich stelle mir vor, wie sie versammelt waren, seine Freundinnen und Freunde, an irgendeinem verborgenen Ort in Jerusalem, in irgendeinem dunklen Keller, einer Hütte ohne Fenster – und als ausgeweint war, ausgeklagt, und als alle Furcht benannt und alle Fragen geäußert waren, da legte sich eine dumpfe Stille über sie, und sie sahen sich nur noch schweigend und ratlos an. Oder schauten sprachlos weg, um die Verzweiflung in den Augen der anderen nicht sehen zu müssen. Die Hoffnung regte sich nicht mehr, die Herzen waren leer. Stumm geworden – verstummt sie alle.

Verstummt Gott selbst.

Dieses Stummsein Gottes, das Schweigen Gottes, das ist höchst irritierend und am Ende doch zutiefst tröstlich. Denn es ist ein Schweigen aus Liebe. Als Hiob alles verlor und nur noch in der Asche saß, seinen Aussatz mit einer Scherbe kratzte, da kamen seine Freunde, ihn zu besuchen, ihm beizustehen – und was taten sie? Sie gaben ihm keine guten Ratschläge, klopften ihm nicht aufmunternd auf die Schulter oder wiesen ich zurecht, nein, sie schwiegen. Sieben Tage und sieben Nächte schwiegen sie, wird erzählt, sieben Tage und sieben Nächte teilten sie sein Unglück und weinten sie mit ihm. Keine Worte, kein Rat, keine Trostreden – verstummt sind sie und schwiegen, und waren ihm so nahe wie es nur irgend möglich ist.

Verstummt und schweigsam ist unser Gott im Grabe – und er zeigt damit, dass er uns nahe ist, dass er gegenwärtig ist, selbst im Tod. Es gibt keinen gottfreien Raum und auch der Tod ist nicht gottverlassen. Auch der ist angefüllt mit Gottes Liebe.

Nichts könnte tröstlicher sein als Gottes Schweigen, Gottes Verstummen, darin ist er – gegenwärtig, ganz und gar.

Amen

**Kurzes musikalisches Zwischenstück**

Gebet in der Stille:

Jede und jeder ist eingeladen, ihre und seine Bitten, Gedanken, Anliegen in der Stille zum Kreuz zu bringen. Anliegen und Gedanken werden in einem Klang, einem Ton zu Gott gebracht. Das scheppernde Becken für das, was mich aufwühlt, die wohltönende Klangschale für das, was mich beglückt, das klingende Triangel für das, was mich umtreibt, bewegt, auf dem Herzen oder am Herzen liegt.
Nach einigen Bitten und Klängen stimmen wir jeweils das **„Kyrie …“** (EG 178.9) an.
(Liturg*in spricht jeweils: „Gott, wir bitten dich, nimm dich unserer an. Kyrie eleison“, dann stimmen alle ein ein: **„Kyrie …“**)

Gebet zu Beginn der Stille (Liturg*in):

Gott, du hörst,
du hörst die Stimme unserer Herzen,
hörst Sehnsucht und Schmerz,
Fragen und Freude.
Du hörst uns und wir sagen dir alles,
was in uns brennt und was in uns leuchtet,
was uns auf den Schultern liegt und beschwert,
was uns das Leben leicht macht, dass es eine Lust ist.
Hier sind wir, Gott,
in der Stille sagen wir dir, was zu sagen ist:
Gott, wir bitten dich, nimm dich unser an – Kyrie eleison ...

Stille – **Kyrie eleison...**
**Vaterunser**

**Lied: Korn, das in die Erde ... (EG 98,1–3)**

(Einladung zum Gottesdienst am Ostersonntag: Osterlachen)

Segen:

Dein Verstummen ist geborgen in ihm,
dein Sehnen und Hoffen sind geborgen in ihm,
seine Stille ist deine Stille.

So segnet und behütet dich Gott,
der Liebevolle, der Aufmerksame,
der Vater, der Sohn und der Heilige Geist.
Amen

**Musikalisches Nachspiel**

# Osterlachen: Gottesdienst zum Ostersonntag

**Orgelvorspiel**

Liturg:
Der Herr ist auferstanden!
Er ist wahrhaftig auferstanden!
Halleluja!

Gemeinde:
**Lied: (EG 182) – Halleluja + 8. Vers + Halleluja**

Votum – **Amen**

(Begrüßung)

Der Gott, der Neues schafft, unser Gott, der dem Tod ins Angesicht lacht und dem Leben zum Sieg verhilft, unser Gott, der sei mit euch – **und mit deinem Geist**

**Lied: Wir wollen alle fröhlich sein … (EG 100,1–5)**

Ein helles, lebendiges Licht – Psalmgebet im Wechsel nach Psalm 118

**Die ganze Welt, Herr Jesu Christ,**
**Halleluja, Halleluja,**
**in deiner Urständ fröhlich ist,**
**Halleluja, Halleluja.**
**(EG 110,1)**

Dankt unserm Gott; denn er ist freundlich,
und seine Güte hat kein Ende.
    In Gott bin ich stark, dass ich singe,
    er bringt mich zurecht.
Es geht ein Lied durch die Häuser,
in den Straßen singen sie:
    Gott hat den Tod besiegt,
    Gott hat den Tod besiegt!!

**Die ganze Welt, Herr Jesu Christ …**

Ich werde nicht sterben, sondern leben
und ein Lied auf den Lippen haben, ein Lied von der Liebe Gottes.
    Gott, ich danke dir: Du hast meine Not gesehen,
    du hast mir geholfen!
Das hast du gemacht,
und das ist ein Wunder vor der ganzen Welt.
    Gott hat ein Licht entzündet,
    ein helles, lebendiges Licht.
Dies ist der Tag, den Gott macht;
kommt, wir freuen uns, wir freuen uns an Gott.

**Die ganze Welt, Herr Jesu Christ …**

Gott, du hilfst,
Gott, du machst alles gut.
    Du bist mein Gott, und ich danke dir;
    mein Gott, ich will dir ein Loblied singen.

Dankt unserm Gott; denn er ist freundlich,
und seine Güte hat kein Ende.

**Die ganze Welt, Herr Jesu Christ …**

All Morgen ist ganz frisch und neu
des Herren Gnad und große Treu.
Sie hat kein End den langen Tag,
drauf jeder sich verlassen mag.

**Ehre sei dem Vater und dem Sohn und dem Heiligen Geist,**
**wie es war im Anfang, jetzt und immerdar**
**und von Ewigkeit zu Ewigkeit. Amen**

Bitte beten Sie mit mir:

Das ist ein Wunder vor meinen Augen, Gott,
ein Wunder ist es,
wie die Knospen meiner Hoffnung aufgehen,
wie die Wolken der Schwermut sich verziehen,
wie die Liebe zu duften beginnt
und sich helle Farben in die Tage mischen.
Es ist ein Wunder, Gott,
aber oft genug habe ich nicht die Augen dafür.
Mein Blick bleibt am Boden haften,
ich sehe die dunkle Höhle des Grabes,
aber nicht den Stein, den du weggewälzt hast.
Gott, hilf mir, mich aufzurichten,
hilf mir, den Blick zu heben
und das Herz aufzutun,
damit Liebe und Farben, Licht und Wunder einziehen bei mir.
Das bitte ich dich, mein Gott, erbarme dich!

**Kyrie eleison … (EG 178.7)**

Gott hat sich unser erbarmt. Hört, was Gott uns zusagt.

Christus spricht: Ich bin gekommen, damit ihr Leben habt, Leben in seiner Fülle.

Ehre sei Gott in der Höhe – **und auf Erden Fried und den Menschen ein Wohlgefallen.**

**Lied: Die ganze Welt, Herr Jesu Christ ... (EG 110,1–6)**

Bitte lassen Sie uns beten miteinander:

Gott, der du unser Weinen gehört hast, lehre uns lachen.
Gott, der du unsere Verzweiflung kennst, mach uns mutig.
Gott, der du den Schrei der Sehnsucht teilst mit uns,
stille unser Verlangen.
Das bitten wir dich durch Jesus Christus,
der unser Bruder geworden ist,
und der mit dir und dem Heiligen Geist lebt und wirkt,
von Ewigkeit zu Ewigkeit.
**Amen**

Lesung: Markus 16,1–10

Sprecher 1:
Und als der Sabbat vergangen war, kauften Maria Magdalena und Maria, die Mutter des Jakobus, und Salome wohlriechende Öle, um hinzugehen und ihn zu salben. Und sie kamen zum Grab am ersten Tag der Woche, sehr früh, als die Sonne aufging. Und sie sprachen untereinander:

Sprecherin:
Wer wälzt uns den Stein von des Grabes Tür?

Sprecher 1:
Und sie sahen hin und wurden gewahr, dass der Stein weggewälzt war; denn er war sehr groß. Und sie gingen hinein in das Grab und sahen einen Jüngling zur rechten Hand sitzen, der hatte ein langes weißes Gewand an, und sie entsetzten sich.
Er aber sprach zu ihnen:

Sprecher 2:
Entsetzt euch nicht! Ihr sucht Jesus von Nazareth, den Gekreuzigten. Er ist auferstanden, er ist nicht hier. Siehe da die Stätte, wo sie ihn hinlegten. Geht aber hin und sagt seinen Jüngern und Petrus, dass er vor euch hingeht nach Galiläa; da werdet ihr ihn sehen, wie er euch gesagt hat.

Sprecher 1:
Und sie gingen hinaus und flohen von dem Grab; denn Zittern und Entsetzen hatte sie ergriffen. Und sie sagten niemand etwas; denn sie fürchteten sich.

Sprecherin:
Als aber Jesus auferstanden war früh am ersten Tag der Woche, erschien er zuerst Maria Magdalena, von der er sieben Dämonen ausgetrieben hatte. Und sie ging hin und verkündete es denen, die mit ihm gewesen waren, die da Leid trugen und weinten:

Der Herr ist auferstanden – er ist wahrhaftig auferstanden.
Halleluja

**Halleluja …**

Liebe Gemeinde,
kein Zufall ist das, dass wir Ostern feiern, wenn der Tag anbricht, dass wir jeden Sonntag am Morgen die Auferstehung feiern, denn seit Ostern strahlt ein Licht in der Welt, das niemand auslöschen kann,

das Licht Gottes, dieses Licht, das uns bedeutet: Ich bin bei euch, ich habe die Dunkelheit durchdrungen, vor euch liegt der helle Tag.
Zum Zeichen, dass diese Zusage gilt für alle Tage, lassen wir in unseren Gottesdiensten die Osterkerze brennen.
Wir entzünden sie jetzt und hören auf den Klang des Osterlichtes:

(Klangschale anschlagen, ausklingen lassen)

Gott sprach, es werde Licht – und es ward Licht!

(Klangschale anschlagen, ausklingen lassen)

Gott ist mein Licht und mein Heil – vor wem sollte ich mich fürchten?

(Klangschale anschlagen, ausklingen lassen)

Gott, der da hieß das Licht aus der Finsternis hervorleuchten, der hat einen hellen Schein in unsere Herzen gegeben!

Entzünden der Kerze
dabei:

**Lied: Wach auf, mein Herz, die Nacht ist hin … (EG 114,1.5)**

**Osterlachen – Predigt zum Ostermorgen**

Gott hat Großes an uns getan – des sind wir fröhlich. Amen

Im Jahr 1835 ist es offiziell verboten worden, liebe Gemeinde, in einer Regensburger Kirchenanordnung, der *risus paschalis*, das Osterlachen. Bis dahin hatte es eine lange Tradition. Vor allem in Bayern war es seit dem 14. Jahrhundert ein fester Bestandteil des gottesdienstlichen Brauchtums.

Dabei trieben es die Prediger im Mittelalter beim Ostergottesdienst manchmal recht bunt. Sie erzählten nicht nur harmlose Scherze, sondern machten die Kanzel häufig zur Bühne, wer eins hatte, lebte sein komödiantisches Talent voll aus. Grimassen schneidend, Haare raufend, Zunge zeigend, mit Händen und Füßen gestikulierend gaben sie den Sieg Christi über Hölle, Tod und Teufel wie einen Bauernschwank zum Besten. Das Kirchenvolk brüllte auf, klopfte sich auf die Schenkel und rief nach Zugabe. Da ließ sich der eine oder andere Prediger dazu hinreißen, plötzlich wie eine Henne zu gackern, um dann aus der Kutte ein angeblich von ihm gelegtes Ei hervorzuzaubern. Welch Gegröle und Gekreische im weihrauchschwangeren Gotteshaus! Christus ist auferstanden, der Teufel hat nichts mehr zu lachen und die Erlösten können sich vor Lachen kaum mehr halten.

Keine Frage, Martin Luther – eigentlich kein Miesepeter und Sauertopf – lehnte diese Bräuche ab als „närrisches, lächerliches Geschwätz“. Johannes Ökolampad, ein Reformator aus Basel, konnte ihm immerhin noch pragmatische Seiten abgewinnen: Wenigstens hindere das Osterlachen die Leute in der Kirche am Einschlafen, schrieb er. Und es sei allemal besser vor lachenden Menschen zu predigen als in leeren Kirchen!

Na ja, ich denke, diese kleine Geschichte des *risus paschalis*, des Osterlachens, zeigt vor allem eines – die Kirche, ob evangelisch oder katholisch, gleichviel, die hat es mit dem Lachen nicht so. Vielleicht erinnern Sie sich noch an Umberto Ecos Buch „Der Name der Rose“, da zündet ein fanatischer Mönch ein ganzes Kloster an und ermordet seine Ordensbrüder, weil er die Ketzerei bekämpfen will, die behauptet, Jesus habe gelacht.

Hat er denn gelacht? So ganz eindeutig erzählen die Evangelien nichts davon. Da steht manchmal, Jesus sei zornig gewesen, er habe gewütet und gewettert, es heißt, Jesus sei traurig gewesen und habe geweint, er flehte und schrie, er befahl streng und er verstummte und schwieg – aber lachte er auch, machte er Scherze, schmunzelte und lächelte er, klopfte er sich auf die Schenkel und hielt er sich den Bauch vor Lachen? Das wird nicht eindeutig benannt. Ich frage mich allerdings, was er denn getan hat, wenn er tanzte auf der Hochzeit von Kana, wenn er Freunde besuchte, wenn er sich einladen ließ und Brot und Wein kostete, wenn er mit den Kindern sprach und spielte und das Fest mitfeierte, das die Familie ausrichtete, deren Tochter er wieder ins Leben rief, deren Mutter er geheilt hat. Da wird er gelacht haben, wenn er Mensch war, und liebevoll und menschenfreundlich; da wird er mit Vergnügen gefeiert haben, lustig gewesen sein. Wer Menschen liebt, der muss auch lachen können mit ihnen.

Jedenfalls denke ich mir das so. Und wie denke ich mir den Ostermorgen? Gab es da ein göttliches Osterlachen, das Jesus auf den Lippen lag? Hölle, Tod und Teufel sind besiegt, da lacht sich's doch befreit und triumphal, lauthals und aus voller Brust. War das so?

Ich weiß es nicht, liebe Gemeinde, keiner weiß es. Sicher ist, das ist bei allen vier Evangelien so, sicher ist, am Ostermorgen liegt noch viel Kreuz in der Luft, da weht noch ein Hauch von Tod – und immerhin, das Osterereignis geschieht zwischen Gräbern. Im Markusevangelium steht vom Ostermorgen doch recht Ernüchterndes: „Maria Magdalena, Maria und Salome gingen hinaus und flohen von dem Grab; denn Zittern und Entsetzen hatte sie ergriffen." Kein Osterlachen, aber Osterzittern; kein Schenkelklopfen, aber Fersengeld.

Und ich bin froh, dass das so ist. In der Karwoche, die hinter uns liegt, haben wir uns eindringlich befasst mit dem, was das Leben belastet, was „Zittern und Entsetzen" macht, und mit dem Tod, Jesu Tod und unserer eigenen Vergänglichkeit, die machen, dass uns das Lachen im Halse stecken bleibt. Wenn nun Jesus mit einem Jauchzen aus dem Grab herausgebrochen wäre, wenn nun die Himmel jubiliert hätten und er seinen Triumph herausgelacht hätte, dann wäre all das, was zuvor war, Schmerz und Kreuz und Tod, dann wäre all das nicht ernst genommen worden. Aber Schmerz und Kreuz und Tod sind ja nicht aus der Welt; die bedrängen uns auch nach Ostern noch. Würde Gott, würde Jesus nun so tun, als sei das alles schon überwunden – er hätte mit uns und unseren Lebensgeschichten nichts mehr zu tun.

Hat er aber. Darum gehören Karfreitag und Ostern immer zusammen. Karfreitag ohne Auferstehung, dann wären Mensch und Welt bloß todverfallen. Ostern ohne Golgatha, dann hätte Gott seinen Triumph, und wir in unserer Menschlichkeit bloß das Nachsehen.

Auferstanden aber ist er, erzählt Johannes, mit den Nägelmalen an seinen Händen. Was uns Kreuz und Tod ist, das ist in Ostern hineingenommen, es ist und bleibt der menschliche Gott, der bis in den Tod hinein Liebende, der da neues Leben schafft – und wir, so wie wir sind, mit Weinen und Lachen, mit Schmerz und Glück, wir gehören da hinein.

Gab es also kein Osterlachen an diesem Morgen, am dritten Tag? Doch, ich glaube schon.

Aber es wird eben kein lauthalses gewesen sein, keine Lachsalve, kein Angriff auf's Zwerchfell. Ich stelle es mir verhalten vor, das Lachen der Davongekommenen, das Lächeln der Befreiten, die die Gefangenschaft noch spüren, denen der Schmerz noch in den Knochen steckt; das frohe Schmunzeln dessen, der eben von einer schweren Krankheit genesen ist, und dieses stolze, beglückte Lachen dessen, der nach einem Unfall wieder gehen gelernt hat, das getroste Lächeln derer, die getröstet wurde nach ihrer Trauerzeit. Sie mögen mir glauben, ich hab nichts gegen Witz und Humor, gegen den Schalk im Nacken und gepfefferte Ironie, aber ich glaube, dass das Lächeln der Getrösteten, das leise Lachen der Verliebten, die stille Fröhlichkeit der Zufriedenen, dass die allemal lebendiger sind als der Brüller und das Triumphgeschrei. Mild mag er gelacht haben, der auferstandene Jesus, und in diese Milde seiner Liebe gehören wir ganz hinein.

Mein lieber Bruder im Amte, Johann Peter Hebel, dessen 250. Geburtstag wir im Jahr 2010 gefeiert haben und der immer für einen Scherz gut war und sich seine Geschichten mit einem Lächeln erfand, Johann Peter Hebel schrieb einmal an seine Freundin Gustave Fecht:

„Schneit's denn auch hübsch ordentlich bei Ihnen? Ich habs ... lieber, wenn am Ostermorgen die Luft recht still und heiter ist und die Sonne geräuschlos und freundlich aufgeht und die ganze Natur mit den lieblichsten Reizen ... den lieben Morgen feiert. Ich kann mir dann so lebhaft vorstellen und so innig fühlen, wies dem edlen Sohn Mariä so wohl ward, als er aus dem Grabe kam und im neuen frohen Leben, die Schönheit der Natur um sich her wieder erblickte, den schönen blauen Himmel über sich, den ersten Strahl der Morgensonne, den sie ihm zum Gruß schickte, und als er den balsamischen Morgenduft wieder hauchte.

Am selben Sonntag früh hats gewiss nicht geschneit.

Auch mein ich, ich fühls schon, wenn ich aus der finsteren Kammer in die Stube trete und die Sonne schon so lieblich hereinscheint, wies einem sein wird, wenn wir auch einmal aus dem langen Schlaf aufwachen und aus der finsteren Kammer hervorgehen. Es soll alsdann gar eine milde liebliche Luft, und ein milder bläulicher Schimmer uns umgeben in der Urständ, wie Dr. Luther vermutet."[2]

Lieblich und mild, wie ein Lächeln, so versteht Johann Peter Hebel Jesu Osterlachen, und er denkt es noch weiter, denkt und schreibt, dass wir auch einmal so lachen werden. „Wenn der Herr die Gefangenen Zions erlösen wird", heißt es im 126. Psalm, „so werden wir sein wie die Träumenden, dann wird unser Mund voll Lachens sein" – und in der Feldpredigt bei Lukas, da sagt Jesus selbst: „Die, die ihr jetzt weint – ihr werdet lachen." Seit Ostern gehört dieses Lachen zu uns. „Ich mein, ich fühls schon", schreibt Hebel – und lauschen, spüren Sie nur: Das Osterlächeln ist schon da!

Amen

**Lied: Frühmorgens, da die Sonn aufgeht ... (EG 111,1–3.515)**

Unser Gott, der uns die Tür auftut zum Leben,
unser Gott, der uns mit Lachen erfüllt
und die Augen erleuchtet,
Gott lädt uns ein zu seinem Mahl.

Erhebet eure Herzen – **Wir erheben sie zum Herrn.**
Lasst uns Dank sagen dem Herrn, unserm Gott – **Das ist würdig und recht.**

2 An Gustave Fecht, 27. März 1796, in: Johann Peter Hebel, Briefe, ausgewählt und eingeleitet von Wilhelm Zentner, Karlsruhe/Ebenhausen 1976, S. 44

Liturg*in:
Ja, unser Gott, du lebendiger,
wir sagen dir Dank!

Sprecher*in:
Wir danken dir, denn du rollst den Stein vom Grabe fort,
dass dein Licht hineinfällt und die Finsternis flieht,
Du schließt uns die Seelen auf und Zuversicht macht sich breit,
dass wir lächeln lernen und springen vor Glück.

Liturg*in:
Dafür danken wir dir mit allem, was du geschaffen hast,
mit dem Sonnenlicht und den Sternen,
mit dem frischen Duft der Blütenzweige,
mit dem Lachen der Kinder und dem Gesang der Liebenden
stimmen wir ein in das Loblied der Engel:

**Heilig, heilig …**

Liturg*in:
Unser Herr, Jesus Christus, in der Nacht, da er verraten ward …

Sprecher*in:
Gepriesen seist du, unser Gott, für das Brot, das uns nährt,
du vergisst uns nicht.

Liturg*in:
Desgleichen nahm er auch den Kelch …

Sprecher*in:
Gepriesen seist du, unser Gott, für den Wein, der uns wärmt,
wir sind geborgen bei dir.

Liturg*in:
Gepriesen seist du, unser Gott,
mit dem Gebet, das Christus uns gelehrt hat:

**Vaterunser**

Sooft ihr von diesem Brot esst und von diesem Kelch trinkt,
verkündet ihr den Tod und die Auferstehung Christi,
bis er kommt in Herrlichkeit.

**Christe, du Lamm Gottes …**

Gott hat ein Neues gesetzt,
Leben geht auf, wo der Tod das Feld beherrschte,
Frieden wächst, wo der Unfriede regierte.
Und nun kommt, Gott hat uns den Tisch bereitet.
Schmeckt und seht, wie freundlich unser Gott ist!

Kommunion

**Lied: Dass du mich einstimmen lässt …**
**(BEL 597,1–3, BT 580, W 609)**

Segen:

Es segne dich Gott, der Vater, der dich zum Leben erschaffen hat,
es segne dich Gott, der Sohn, der dich zum Leben befreit hat,
es segne dich Gott, der Heilige Geist, der dich zum Leben ermutigt.

So segne und behüte dich Gott, der dein Licht ist, der dich erhellt,
der Vater, Sohn und Heiliger Geist.

**Amen, Amen, Amen**

**Orgelnachspiel**

# Der Leidenspsalm Jesu: Variationen zu Psalm 22

# Kann das sein?
# Psalm 22 – Nachdichtung

**Lied:**
**Gott, mein Gott, warum hast du mich verlassen?**
**Gott, mein Gott, warum hast du mich verlassen?**
**So sang einst König David, hörtest du ihn?**
**So schrie einst König David, halfest du ihm?**
**Gott, mein Gott, warum hast du mich verlassen?**
**(EG 381)**

Sag, mein Gott, hast du mich verlassen?
Steh ich jetzt alleine da?

Alleine mit meiner Angst?
Alleine mit meiner Trauer?

Kann das sein – dass du mich alleine lässt?
Kann das sein – dass ich niemanden habe, der mir hilft?

Das fühlt sich so an, Gott,
weil du nicht antwortest, wenn ich nach dir rufe.

Wenn ich bete und weine,
weil ich doch Hilfe brauche.

**Gott, mein Gott, warum hast du mich verlassen?**

Nachts wache ich auf – und fühle mich allein.
Jeden Morgen hoffe ich, alles wird besser.

Doch dann sind meine Tage dunkel
und ich weiß nicht, was ich tun soll.

Es heißt, du würdest helfen!
Die Leute sagen, du lässt keinen im Stich!

Es wird erzählt, du wendest dich den Menschen zu.
Viele glauben, dass du an unserer Seite seist.

Darauf will ich mich verlassen, Gott,
auf dein Wort verlasse ich mich!

**Gott, mein Gott, warum hast du mich verlassen?**

Darum: Lass dich spüren,
damit die Angst vergeht.

Darum: Reich mir deine Hand,
damit ich nicht alleine bin.

Darum: Hör mir zu und antworte,
wenn ich nach dir rufe.

Nimm mir das Gefühl, du seist weit fort;
Lass mich merken, dass ich bei dir geborgen bin.

**Gott, mein Gott, warum hast du mich verlassen?**

Darauf verlasse ich mich, mein Gott:
Du hörst mich, wenn ich rufe!

# Warum?
# Gebet zu Psalm 22

**Lied:**
**Die wir höchsten Nöten sein,**
**wir wissen nicht, wo aus noch ein,**
**wir finden weder Hilf noch Rat,**
**ob wir gleich sorgen früh und spat. (nach EG 366,1)**

Sprecher*in 1:
Eine einzige Frage habe ich nur, mein Gott,
nur diese eine Frage:

Sprecher*in 2:
Warum, mein Gott, warum?

Sprecher*in 1:
In dieser Frage liegt alle Verzweiflung,
liegt alles Menschenelend.

Sprecher*in 2:
Warum, mein Gott, warum?

Sprecher*in 1:
In dieser einen Frage schwingen alle Fragen mit –
und habe ich Antwort auf diese, so schweigen die anderen.

**Lied: Die wir in höchsten Nöten sein ...**

Sprecher*in 2:
Warum, mein Gott, warum?

Sprecher*in 1:
Warum überziehen Kriege deine Welt,
warum gebietest du nicht Einhalt?

Sprecher*in 2:
Warum ist deine Schöpfung so geplagt?
Und du heilst sie nicht?

Sprecher*in 1:
Warum ist der Tod so mächtig unter uns,
warum reißt er die fort von uns, die wir lieben?

Sprecher*in 2:
Warum hat die Angst so viel Raum,
warum darf sie uns die Kehle zuschnüren?

Sprecher*in 1:
Warum schweigst du, bleibst du still,
während wir rufen und schreien, Tag und Nacht?

**Lied: Die wir in höchsten Nöten sein ...**

Sprecher*in 2:
Warum, mein Gott, warum?

Sprecher*in 1:
Bist du ferne, Gott?
Hast du mich verlassen?

Sprecher*in 2:
Hörst du mich?
Hast du dich abgewandt?

Sprecher*in 1:
Hast du mich fallen lassen?
Bin ich dir gleich?

Sprecher*in 2:
Warum, mein Gott, warum?

**Lied: Die wir in höchsten Nöten sein ...**

Sprecher*in 1:
Unsere Väter und Mütter hofften auf dich –
und da sie hofften, halfst du ihnen heraus.

Sprecher*in 2:
Zu dir schrien sie und wurden gerettet,
sie hofften auf dich und wurden nicht zuschanden.

Sprecher*in 1:
Warum, mein Gott, warum?

Sprecher*in 2:
Wenn du mich umfängst,
wenn ich deine Liebe spüre.

Sprecher*in:
Dann schweigen alle Fragen –
und ich hoffe nicht umsonst.

**Lied:**
**Die wir in höchsten Nöten sein ...**

# Die sieben letzten Worte Jesu am Kreuz: Sprechtexte

# „Ich will den Kreuzstab gerne tragen“: Sprechtext für 2 Sprecher*innen zur gleichnamigen Kantate

**(Johann Sebastian Bach, Kantate 56, BWV 56)**

Bei den ersten Takten (bis Takt 15) ziehen die Sprecher mit dem Balkenkreuz ein. Es wird abgelegt.
**Wiederholung der ersten Takte – Musik bricht ab**

Sprecher*in 1:
Ich will den Kreuzstab gerne tragen!

Sprecher*in 2:
Ich will den Kreuzstab ...

Sprecher*in 1:
... gerne tragen?

Sprecher*in 2:
Will ich den Kreuzstab ...

Sprecher*in 1:
... den Kreuzstab ...

Sprecher*in 2:
... gerne tragen?

Sprecher*in 1:
Den Kreuzstab will ich tragen. Will ich? Will ich?

Sprecher*in 2:
Und will ich ihn gerne ... gerne tragen?

Sprecher*in 1:
Ich muss doch wohl ... muss ich wohl.
Nach meinem Willen fragt keiner.

Sprecher*in 2:
Keiner fragt.
Einer sagt: Du musst, du musst ... den Kreuzstab ... tragen.

Sprecher*in 1:
Und gerne!

**Musik beginnt von vorne – Arie „Ich will ...“**
Nach der Arie:

Sprecher*in 2:
Ich will den Kreuzstab gerne tragen.

Sprecher*in 1:
Er kömmt aus Gottes lieber Hand.

Sprecher*in 2:
Der führet mich nach meinen Plagen ... zu Gott ...

Sprecher*in 1:
... in das gelobte Land.

Sprecher*in 2:
Da leg ich meinen Kummer auf einmal ...

Sprecher*in 1:
... ins Grab.

Sprecher*in 2:
Da wischt mir die Tränen mein Heiland selbst ab.

**Kurzes Zwischenspiel, kleine Melodie auf Flöte, Cello o.ä.**

Sprecher*in 2:
Ich will das nicht tragen!

Sprecher*in 1:
Was? Was willst du nicht tragen?

Sprecher*in 2:
Ich will meine Trauer nicht mehr tragen, meine Trauer, die einen Schatten legt auf mein Herz. Einen Schatten, und ich friere.

Sprecher*in 1:
Und ich – ich will meine Sorgen nicht mehr tragen, die Sorgen, die auf meinen Schultern liegen, dass der Rücken schmerzt und ich gebeugt gehe. Ich will nicht gebeugt sein.

Sprecher*in 2:
Ich will die Blicke nicht mehr ertragen müssen, die Blicke, die mich bloßstellen, Blicke, die sie auf mich werfen wie Steine.

Sprecher*in 1:
Das Schweigen ... Das Schweigen ertrag ich nicht mehr; dieses Verstummen der Leute, wenn ich eintrete; das Schweigen, das sich vor mir auftut – ein schwarzes Loch, in das ich falle – aber meinen Schrei hört niemand.

Sprecher*in 2:
Ich will das nicht tragen, nicht länger.
Die Verzweiflung nicht, nicht die Hoffnungslosigkeit.

Sprecher*in 1:
Nicht die Gleichgültigkeit, nicht die Schwermut, und ...
... den tausendfachen Tod nicht, wenn die Erde sich erhebt, wenn Winde zerreißen und zerstreuen, wenn Wellen am Land zerren und alles Lebendige verschlingen.

Sprecher*in 2:
Die Wolken vor der Zukunft, die brennenden Wälder, Hunger, Durst ...

Sprecher*in 1:
... und den grauen, grauen Tag ...

Sprecher*in 2:
... und dass ich schreie, mein Gott, ich schreie!

Sprecher*in 1:
Aber niemand gibt Antwort. Alles bleibt still.

**Kurze Stille**

Sprecher*in 2:
Ich will den Kreuzstab gerne tragen, er kömmt aus Gottes guter Hand.

Sprecher*in 1:
Was? Wo kommt er her? Nochmal: Wo kommt er her?

Sprecher*in 2:
Aus Gottes Hand. Aus Gottes ... lieber ... Hand.

Sprecher*in 1:
Aha!
Ach ja!
Na, das ist doch mal eine liebe Hand!
Die schlägt, die verletzt, die steckt in Brand und verweigert das Löschen, die entzieht sich und ballt sich zur Faust, die verwehrt und verweigert, die droht und fordert, die raubt mir den letzten Atemhauch.
...
Eine solche liebe Hand ... die kann mir gestohlen bleiben.

Sprecher*in 2:
Bist du da sicher? Bist du ganz sicher?

Sprecher*in 1:
Natürlich! Da ist keine Liebe in dieser Hand.

Sprecher*in 2:
Ja, es sieht so aus.
Aber ... verwirf sie nicht zu schnell, die liebe Hand, die gottes-liebe Hand. Wart einen Moment noch ... bedenke ...

Sprecher*in 1:
Ich hab nichts zu bedenken – im Gegenteil, diese Hand, diese Kreuzstab-Hand, die ist bedenklich.

Sprecher*in 2:
Bedenke ...
Wenn er aus Gottes Hand kommt, der Kreuzstab, dann hat Gott ihn zuvor getragen.
Dann hat Gott ihn zuvor getragen, vor dir – dann ist das Kreuz ihm wohl vertraut.
Und dann teilt er es nicht zu, dann trägt er es mit.
Er will den Kreuzstab gerne tragen.

Sprecher*in 1:
Er will den Kreuzstab gerne tragen.
…
Das klingt – sehr zaghaft – hoffnungsvoll. Aber schau: Noch leide ich, noch leidet's in der Welt, noch herrscht der Kreuzstab und schlägt drein.
Hin- und hergeworfen zwischen Leid und Zweifel: wir Menschen.

**Rezitativo: „Mein Wandel auf der Welt …“**

Sprecher*in 1:
Wann endlich?

Sprecher*in 2:
Wann endlich hat es ein End?

Sprecher*in 1:
Das Sorgen und Sinnen …

Sprecher*in 2:
… das Leiden und Lallen …

Sprecher*in 1:
… das Zagen und Zweifeln …

Sprecher*in 2:
… das Brennen und Beißen …

Sprecher*in 1:
… das Schreien und Sterben …

Sprecher*in 2:
… das Rennen und Rufen …

Sprecher*in 1:
... das Verstummen und Vergehen ...

Sprecher*in 2:
... die Trauer und der Tod?

Sprecher*in 1:
Wann endlich?
Wann endlich hat es ein End?

Sprecher*in 2:
Mein Gott, mein Gott, warum hast du mich verlassen?
Ich schreie, aber meine Hilfe ist ferne.
Mein Gott, des Tages rufe ich ...

Sprecher*in 1:
... doch antwortest du nicht ...

Sprecher*in 2:
... und des Nachts ...

Sprecher*in 1:
... doch finde ich keine Ruhe!

Sprecher*in 2:
Sei nicht ferne von mir, denn Angst ist nahe.

Sprecher*in 1:
Denn es ist hier kein Helfer!

Sprecher*in 2:
Wann endlich?

Sprecher*in 1:
Wann endlich hat es ein End?

**Aria: „Endlich, endlich …“**

Sprecher*in 1:
O, geschehe es heute noch, heute noch, heute noch!

Sprecher*in 2:
Das Verlangen ist groß, die Sehnsucht zerreißt das Herz, alles drängt und eilt und will frei sein.

Sprecher*in 1:
Ja, frei sein. Frei sein und nicht mehr hoffen müssen, sondern sehen. Nicht mehr erwarten müssen, sondern erleben.

Sprecher*in 2:
Nicht mehr glauben, sondern schauen.

Sprecher*in 1:
Nicht mehr schreien müssen, sondern singen können.
Nicht mehr lahmen, aber tanzen!

Sprecher*in 2:
Keine Not mehr, aber Mut!

Sprecher*in 1:
Kein Zittern mehr der Hand … zupacken, aufgreifen, was das Leben mir bietet.

Sprecher*in 2:
Und der Leib nicht mehr zerschlagen, sondern schön und anmutig und strahlend.

Sprecher*in 1:
Im Auge ein Lächeln und die Tränen fort.

Sprecher*in 2:
Ein Kussmund, keine Fratze.

Sprecher*in 1:
Die Ohren weit auf, für Melodien und Lieder, nicht zuhalten gegen den Lärm.

Sprecher*in 2:
Hüftschwung, Tanzbein, Sprunggelenk.

Sprecher*in 1:
Und weite Ebenen, darauf zu wandern – freie Blicke und der dir entgegenkommt, der ist ein Freund,

Sprecher*in 2:
und die dich umarmt, ist deine Geliebte.

Sprecher*in 1:
Und hinter allem ein Liebesflüstern von Gott!

Sprecher*in 2:
O gescheh es heute noch, heute noch, heute noch!

Sprecher*in 1:
Ich stehe – fertig und bereit – mit Sehnen und Verlangen!

**Rezitativo: „Ich stehe fertig und bereit …"**

Sprecher*in 1:
Moment. Einen Moment noch!
Ich weiß nicht … hab ich das richtig verstanden?

Sprecher*in 2:
Was gibt es noch?
Magst du nicht zufrieden sein! Wo alles so gut wird. Die Tränen abgewischt, die Sehnsucht gestillt, der Kummer vergraben und endlich daheim, im Port, im Hafen meines Verlangens, zu Hause, endlich zu Hause.

Sprecher*in 1:
Aber ... ich weiß nicht.
Muss ich dazu wirklich ... sterben?
Werd ich das alles erst sehen, wenn ich ausgehaucht habe, wenn ich tot bin?

Sprecher*in 2:
Ich weiß nicht ...

Sprecher*in 1:
Hör doch!

**Choral: „Komm, o Tod ...“ – Zeilen 1–2**

Sprecher*in 2:
Ja, jetzt hab ich's gehört.

Sprecher*in 1:
Löse meines Schiffleins Ruder, bringe mich an sichern Port.
Muss ich sterben, um daheim zu sein, um freizukommen von Kreuz und Tod?
Was wäre damit geholfen, sag? Was wäre damit geholfen?

Sprecher*in 2:
Nichts, damit nichts ... wenn es stimmt.

Sprecher*in 1:
Stimmt es denn nicht?

Sprecher*in 2:
Bedenke! Bedenk es noch anders, schau noch einmal hin!
Da ist der Tod, da ist das Kreuz.

Sprecher*in 1:
Da ist der Kreuzestod.
Also muss gestorben werden!

Sprecher*in 2:
Nein – also kann gestorben werden!

**Choral: „Komm, o Tod …" – Zeilen 1–2**

Sprecher*in 2:
Also kann gestorben werden. Denn der Tod …

Sprecher*in 1:
… der Tod hat seinen Schrecken verloren.

Sprecher*in 2:
Grinst er mich an, schau ich ihm lächelnd ins fahle Angesicht.
Hebt er die Hand, biet ich ihm meine zum Gruß.
Haucht er mir seinen kalten Atem ins Antlitz, weiß ich mich getragen von einer warmen Liebe.

Sprecher*in 1:
Du weißt? Woher kannst du es wissen?

Sprecher*in 2:
Ich weiß es von dem, der sprach: Ich will den Kreuzstab gerne tragen, und der ihn trug …

… in der Nacht, da er geboren wurde; unter dem Geschrei der Menschen, die ihn verachteten, unter der Last der Kranken und Bettler, die ihn bedrängten, da er einsam durch die Wüste ging und hungerte, da seine Familie ihn für irr befand, da sie mit Steinen nach ihm warfen, da er verraten, gefangen, gefoltert wurde und starb, elend starb, am Kreuzesstabe starb …
… den Menschentod starb.

Sprecher*in 1:
Meinen Tod starb.

Sprecher*in 2:
Deinen und meinen, den Menschentod.

Sprecher*in 1:
Ist aber Gott gestorben …

Sprecher*in 2:
… dann kann der Tod nicht mehr gottlos sein.

Sprecher*in 1:
Dann hat das Leben den Tod besiegt.

Sprecher*in 2:
Dann gehört der Tod ins Leben hinein …

Sprecher*in 1:
… wie die braune Erde zur Blüte gehört, die sie nährt.

Sprecher*in 2:
Wie das Korn, das in die Erde fällt und erstirbt, Frucht bringt, hundertfach.

Sprecher*in 1:
Wie die Ernte über den Winter hilft.

Sprecher*in 2:
Wie der Wein, gelesen und gekeltert, des Menschen Herz erfreut, und wie das Öl, aus der Frucht gepresst, des Menschen Antlitz schön macht.

Sprecher*in 1:
Es kann gestorben werden.

Sprecher*in 2:
Und kann gestorben werden ...

Sprecher*in 1:
... dann kann auch gelebt werden.

Sprecher*in 2:
Leidenschaftlich.
Ein Strahlen im Angesicht!
Beherzte Hände!
Ein Leuchten in den Augen!
Zärtlich und liebevoll!
Dass es eine Lust ist!

Sprecher*in 1:
Und mit der Aussicht ...

Sprecher*in 2:
... dieser wundervollen Aussicht ...

Sprecher*in 1:
... den schönen Gott zu sehen, von Angesicht zu Angesicht.
Und daheim zu sein in seinem Lächeln.

Sprecher*in 2:
Es kann gestorben werden ...

Sprecher*in 1:
... darum soll gelebt sein!

**Choral: „Komm, o Tod ...“ – ganz**

# Predigten und eine Liturgie für Karfreitag und Ostern

# Stärker als wir: Predigt für Karfreitag

Im Herbst ist es gefährlich, in Wäldern spazieren zu gehen – der Sturm wirft das Totholz von den Bäumen, da kann sich der Mensch verletzen. Im Frühjahr ist es gefährlich, ein Christus zu sein, da kann der Heiland ans Totholz gebunden werden und leiden und sterben daran. Denn das ist das Kreuz, ein Totholz – ein Totholz im tiefsten Sinne des unschönen Wortes. Totholz, ein Holz, an dem einer sterben kann, rohes Holz, das den Rücken wund reibt, hartes Holz, das keine Gnade kennt.

Der eine oder die andere mag einem Totholz schon begegnet sein – wenn ein Schicksal sehr hart trifft und reglos macht, wenn ein Schmerz verzweifeln lässt und den Atem abschnürt, wenn eine Sorge allzu mächtig wird. Dann packt das Leben rau und gewaltsam zu.

Das sind finstere Aussichten und sie passen zu diesem doch recht düsteren Feiertag, da wir des Leidens und des Endes Jesu gedenken. Tot am Totholz, das war Jesu Weg – wie niederschmetternd. „Mein Gott, warum?", schreit er, von allen guten Geistern und von Gott verlassen, und das harte Holz trinkt sein Blut. Gibt es – nach diesem Schrei, der ohne Antwort bleibt, und nach dem Verstummen am hölzernen Kreuz, gibt es sonst noch etwas zu sagen?

Alexander Solschenizyn, der vor 10 Jahren verstorbene Kritiker der Sowjetmacht, der Literaturnobelpreisträger und Sozialist, hat am eigenen Leib, als Gefangener unter Stalin, erfahren, was eine Begegnung mit dem Totholz bedeuten mag. In seinem umfangreichen

Bericht von den Gefangenenlagern der Stalinzeit, dem sogenannten „Archipel Gulag“ erzählt er folgende kleine Episode:

> Der Ulmenstamm
> Wir sägten Holz, griffen dabei nach einem Ulmenbalken – und schrien auf. Seit im vorigen Jahr der Stamm gefällt wurde, war er vom Traktor geschleppt und in Teile zersägt worden, man hatte ihn auf Schlepper und Lastwagen geworfen, zu Stapeln gerollt, auf die Erde geworfen – aber der Ulmenbalken hatte sich nicht ergeben!
> Er hatte einen frischen grünen Trieb hervorgebracht – eine ganze, künftige Ulme oder einen dichten, rauschenden Zweig.
> Wir hatten den Stamm bereits auf den Block gelegt, wie auf einen Richtblock; doch wagten wir nicht, mit der Säge in seinen Hals zu schneiden. Wie hätten man ihn zersägen können? Wie sehr er doch leben will – stärker als wir.[3]

Wie sehr er doch leben wollte. So sehr, dass er einen Trieb hervorbrachte! Dieses Holz des Ulmenstamms im Gulag, dieses zum Tode verurteilte Holz, zum Tode verurteilt wie die Gefangenen – es ist kein Totholz. Es bäumt sich zaghaft auf, es leistet einen leisen Widerstand, kaum merklich zuerst, und dann bricht es grün hervor, dieses Leben gegen den Augenschein, dieses Leben gegen alle Hoffnung.

Der Ulmenstamm wirft ein neues Licht auf das Totholz Kreuz. Ein Totholz ist es nur scheinbar, nur auf den ersten, verzweifelten Blick. In Wahrheit steckt Leben darin, in Wahrheit ist da eine Kraft, die stärker ist als Leid und Tod, als Härte und Schmerz.

Seit dem 5. Jahrhundert und das ganze Mittelalter hindurch wurde das Kreuz Jesu mit dem Lebensbaum-Symbol gedeutet. In Kirchen und in der Malerei war ein Kreuz abgebildet, das Wurzeln schlug und Zweige trieb, das Blüten und Früchte trug. Unser Kreuz auf dem Altar, das uns die Schwestern aus der Abtei Lichtental zur Verfügung

3 In: Literarische Auslese, hg. v. W. Erk, Radius Verlag Stuttgart, 1989, S. 154.

gestellt haben, ist auch ein solcher Lebensbaum – an den Querbalken sind kleine Garben zu sehen, Getreide, Korn, das wohl in die Erde fällt und erstirbt, dann aber bringt es hundertfach und tausendfach Frucht.

Es ist also kein Totholz, dieses Kreuz, es ist ein lebendiger Stamm. Und ich glaube, wir kennen diese Erfahrung auch. Wie aus einer tiefen Krise große Kraft erwuchs, wie ein hässlicher Streit zur liebevollen Versöhnung befähigte, wie sich nach einem steilen Weg ein herrliches Hochland auftat, sonnendurchflutet. Was Alexander Solschenizyn und seine Mitgefangenen erlebten, das ist uns nicht verschlossen, das Kreuz kann ein Lebensbaum sein. Der kleine Trieb wächst sich aus zum neuen Baum und wir können in den Duft seiner Blüten eintauchen, können uns satt essen an seinen Früchten. Das ist die Perspektive, die das Kreuz auftut – an Ostern, übermorgen, wird sie sinnenfällig sein.

Zur Perspektive tut Alexander Solschenizyn noch eine Frage hinzu. Der letzte Satz seiner kurzen Erzählung aus dem Archipel Gulag ist jedenfalls eine Herausforderung. „Wie sehr er – der Ulmenstamm – doch leben will!“, stellt Solschenizyn erstaunt fest und fügt ernüchtert dazu: „stärker als wir!“. Die kleine Geschichte fragt mich, ob ich die Lebenschancen, die Möglichkeiten, die das Kreuz mir bietet, nicht ergreifen will. Da das Kreuz mir sagt: „Sei frei, sei frei zu leben, wag es!“, muss ich mich fragen: „Bin ich so frei? Nehme ich meine Freiheit wahr?“

Selbstverständlich ist das nicht. Bisweilen richte ich mich doch ganz gut ein in den Halbheiten und Unzulänglichkeiten, die sich durch mein Leben ziehen. Und ich ertrage und dulde vielerlei, das mich doch umtreiben müsste: die Menschenverachtung, die Missgunst, die Gewalt, die im Schwange und salonfähig geworden sind. Das Seufzen der Schöpfung überhöre ich oft, und ich versage es mir, lauthals zu singen, wenn ich glücklich bin. Nur immer mit der Ruhe – ist das der Christenmenschen oberstes Gebot, die Benimmregel für ausgeglichene Christentage? Christus selbst hat nicht so gelebt: Er hat getanzt, er hat gelacht, gelitten und leidenschaftlich geliebt, zornig geschimpft hat er und zugewandt geflüstert, geweint hat er und Menschen zärtlich umarmt. „Ich bin gekommen, damit ihr Leben habt, Leben in seiner Fülle!“, ruft er uns aus dem Johannesevangelium zu.

Leben in seiner Fülle. „Wie sehr er doch leben will – stärker als wir!“ Wie stark wollen wir leben?, fragt Alexander Solschenizyn, fragt uns der Christus am Kreuz. Der Weg ist frei, der Zweig treibt auf, Hoffnung keimt, das Leben setzt sich durch. Da ist kein Totholz, das uns erschlagen, an dem wir enden könnten – der Tod hat nun nichts mehr zu sagen.

Das verändert alles, ist der Tod tot, wurde aus dem Kreuz ein Lebensbaum, dann steht das Leben offen. Dann können wir es wagen ohne Furcht, dann können wir es auskosten mit all seinen Schatten und der Fülle seines Lichtes, mit all den Möglichkeiten, die es bietet – und an seinen Grenzen verlieren wir uns nicht.

Das Kreuz treibt Triebe, wird zum Lebensbaum – und wir können leben, ganz stark!

Amen

# Es ist eine helle Nacht: Osternacht

(Im Kirchenraum alle elektr. Lichter aus, außer Orgellicht
Kerzen in Lichtschalen entzündet)

**Orgelmusik zu Beginn (leise, meditativ)**

(danach: kurze Zeit des Schweigens)

Es ist eine sehr stille Nacht.

Vielleicht zeigen sich Sterne an einem klaren, kalten Himmel.
Ihnen ist es gleichgültig, was hier unten geschieht.
Sie leuchten seit Jahrmillionen,
was auf Erden geschieht,
das berührt sie nicht.

> **O Traurigkeit,**
> **o Herzeleid!**
> **Ist das nicht zu beklagen?**
> **Gott des Vaters einigs Kind**
> **wird ins Grab getragen. (EG 80,1)**

Es ist eine sehr stille Nacht.

Irgendwo leuchten die Lagerfeuer der Hirten,
der einsamen Wanderer,
die für diese Nacht keine Herberge gefunden haben.
Von Jesu Tod – haben sie noch nicht einmal gehört.
Mag sein, dass er im Grab liegt.
Anderswo geht das Leben einfach weiter.

**O selig ist**
**zu aller Frist,**
**der dieses recht bedenket,**
**wie der Herr der Herrlichkeit**
**wird ins Grab versenket. (EG 80,4)**

Es ist eine sehr stille Nacht!

In irgendeiner Straße ist ein Fenster noch erhellt.
Die da leben, schlafen noch nicht.
Sie erzählen alte Geschichten,
oder vertreiben den Schlaf,
weil sie ihre Träume fürchten.
Was geht sie einer an,
der am Kreuz starb,
jeder hat sein eigenes Päckchen zu tragen.

**O große Not!**
**Gotts Sohn liegt tot.**
**Am Kreuz ist er gestorben;**
**hat dadurch das Himmelreich**
**uns aus Lieb erworben. (EG 80,2)**

Lesung: Lukas 23,50–56

Es ist eine sehr stille Nacht.

Und da glomm noch ein wenig Hoffnung.
Sollte der Tod tatsächlich das letzte Wort haben?
Sollten wir uns in ihm so getäuscht haben?
Drei Frauen gehen mit ans dunkle Grab,
sie lassen ihn nicht los.
Den Freund, den Sohn, den Bruder nicht –
und nicht ihre Hoffnung.

(einige Lichter an)

**Lied: Korn, das in die Erde … (EG 98,1–3)**

(Lichter wieder aus)

Sprecher*in 1:
Gott, wir sehen dein Licht in der Nacht –
es ist so weit, weit fort von uns,
geht uns das etwas an?

> Sprecher*in 2:
> Ja, sagt unsere Sehnsucht,
> ja, wir sehnen uns nach Licht!

Sprecher*in 1:
Gott, wir sehen dein Licht in der Nacht –
aber die Geschichte ist so alt
und kaum zu glauben,
geht uns die noch etwas an?

> Sprecher*in 2:
> Ja, sagt unsere Sehnsucht,
> ja, wir sehnen uns nach Licht!

Sprecher*in 1:
Gott, wir sehen dein Licht in der Nacht –
aber wir haben so viel anderes zu tun,
wir sind mit uns selbst genug beschäftigt.
Das geht uns nichts mehr an!

Sprecher*in 2:
Doch, sagt unsere Sehnsucht,
doch, wir sehnen uns nach Licht.

Lesung: Matthäus 28,1–7a

(einige Lichter an)

**Lied: Auf, auf, mein Herz mit Freuden … (EG 112,1–3)**

(Lichter wieder aus)

Es ist eine sehr stille Nacht.

Noch brennen nur ein paar Feuer der Hoffnung,
noch muss sich die Sehnsucht mit ein paar Flammen begnügen,
die Zukunft ist noch ein kleines Licht.

Aber wenn wir all unsere Hoffnung,
als unsere Sehnsucht zusammentun,
dann wird daraus ein heller Schein.
Dann wird die Dunkelheit erhellt,
dann entfaltet sich das Licht!

Bitte lassen Sie uns das tun.
Einige von Ihnen haben ein paar Kerzen gefunden,
bitte nehmen Sie sie doch zur Hand
und entzünden Sie sie an den Kerzen in den Lichterschalen,

in den Oster-Licht-Nestern.
Dann kommen Sie bitte nach vorne –
lassen Sie uns hier gemeinsam die Osterkerze entzünden,
die Osterkerze,
die dafür steht, dass Gottes Licht in jeden Winkel scheint,
in die Winkel der Welt,
in die Winkel unserer Herzen.
Die Finsternis hat keinen Ort mehr.

Bitte entzünden Sie die Osterkerze.

(Menschen entzünden kleinere Kerzen, kommen nach vorne,
Entzünden der Osterkerze)

dabei **Orgelmusik (schwungvoll, aber nicht laut)**

Bitte bleiben Sie noch einen Moment hier vorne,
singen wir miteinander den Ostergruß!
„Christ ist erstanden!"

**Lied: Christ ist erstanden ... (EG 99)**

Es ist eine helle Nacht!

Das Grab ist leer,
wo der Tod war, bricht ein Licht auf.

Bitte entzünde jemand die Kerze in unserem leeren Grab,
das wir hier im Altar haben
und das uns jeden Sonntag daran erinnert:
Wir leben im Licht der Liebe Gottes –
jeden Tag und alle Tage!

Und noch einmal singen wir dazu das Osterlob!
„Christ ist erstanden“

**Lied: Christ ist erstanden ... (EG 99)**

(Alle nehmen Platz)

Es ist eine helle Nacht.

Aber wenige wissen das!

Sprecher*in 1:
Die Grabeswächter mit ihrer unangenehmen Aufgabe,
die nicht gerne auf einem Friedhof standen,
die vom Lärm verwirrt waren,
die der Schreck erschütterte,
die in Ohnmacht fielen ob der Lebendigkeit Gottes,

Sprecher*in 2:
sie sehen nichts vom Licht.

Sprecher*in 1:
Die Frauen, die unter Jesu Kreuz standen,
die Josef von Arimathäa halfen,
den Leichnam zu bestatten,
die in ihren Kammern und Schränken
nach Salben und Ölen suchten,
um ihm den letzten Dienst zu erweisen,

Sprecher*in 3:
sie sehen nichts vom Licht.

Sprecher*in 2:
Die Freunde Jesu,

die gelähmt waren von seinem gewaltsamen Tod,
die ihren Meister verloren hatten
und nun nicht wussten, was geschehen soll
und was geschehen wird,
die Ängstlichen alle,

Sprecher*in 2:
sie sehen nichts vom Licht.

Sprecher*in 1:
Die Mächtigen und Intriganten,
die ihr Mütchen gekühlt hatten,
die aus Überzeugung den Verräter ans Messer lieferten,
die sich die Hände in Unschuld wuschen
und bald zur Tagesordnung übergingen,

Sprecher*in 3:
die sehen nichts vom Licht.

Sprecher*in 1:
Judas, der Jesus liebte
und der ihn doch verriet,
der sich bezahlen ließ
und den Meister doch küsste,
der zu spät merkte,
was er angerichtet hatte,
der verzweifelte Judas mit dem Strick um den Hals,

Sprecher*in 2:
der sieht nichts vom Licht.

Sprecher*in 1:
Der Junge im Giftgas von Syrien

Sprecher*in 3:
sieht nichts vom Licht.

Sprecher*in 1:
Die Mutter im Flüchtlingsboot vor Libyen

Sprecher*in2:
sieht nichts vom Licht.

Sprecher*in 1:
Das verhungernde Kleinkind in Somalia

Sprecher*in 3:
sieht nichts vom Licht.

Sprecher*in 1:
Die einsame Großmutter, die allein gelassen worden ist,

Sprecher*in 2:
sieht nichts vom Licht.

Sprecher*in 1:
Der trunkene Mann, gefangen in seiner Sucht,

Sprecher*in 3:
sieht nichts vom Licht.

Sprecher*in 1:
Der krebskranke Sterbende, der zu schwach ist, noch zu glauben,

Sprecher*in 2:
sieht nichts vom Licht.

Sprecher*in 1:
Und viele, so viele, viel zu viele

Sprecher*in 3:
sehen nichts vom Licht.

Sprecher*in 1:
Es ist eine helle Nacht!
Wer trägt das Licht zu denen,
die noch im Dunkeln leben?

**Lied: Sonne der Gerechtigkeit … (EG 262,1.2.4.6)**

Bitte lassen Sie uns beten miteinander:

Gott, hier stehen wir,
im Licht der Osternacht,
voller Hoffnung,
gewiss, dass du das Leben erblühen lässt
im Garten deiner Welt.
Hier stehen wir und glauben:

**All Morgen ist ganz frisch und neu**
**des Herren Gnad und große Treu;**
**sie hat kein End den langen Tag,**
**drauf jeder sich verlassen mag.**
**(EG 440,1)**

Gott, wir treten an dein leeres Grab
im Licht dieser Osternacht,
voller Hoffnung, dass der Tod leer ausgeht,
gewiss, dass du wiederbringst,
was uns verloren scheint.
Wir treten an dein leeres Grab und glauben:

**All Morgen ist ganz frisch und neu ...**

Gott, wir schauen auf die Hoffnungslichter
im Licht dieser Osternacht,
voller Hoffnung,
dass es den Menschen gelingen möge,
aufzustehen gegen Gewalt und Tod,
Lebensmut zu fassen gegen den Augenschein.
Wir schauen auf die Hoffnungslichter und glauben:

**All Morgen ist ganz frisch und neu ...**

Gott, wir sehen in die Nacht hinaus,
im Licht dieser Osternacht,
voller Hoffnung,
dass du alle Nächte mit Sinn erfüllst,
dass du jeden Tag in deine Hand nimmst,
dass dein warmer Glanz sich durch Tag und Nacht zieht.
Wir sehen in die Nacht hinaus und glauben:

**All Morgen ist ganz frisch und neu ...**

Gott, wir schauen den Menschen ins Angesicht,
im Licht dieser Osternacht,
voller Hoffnung,
wir sehen die Nahen und die Fernen,
die Leidenden und die Lachenden,
die Täter und die Opfer,
die Lauten und die Verstummten,
die Leidenschaftlichen und die Gleichgültigen.
Du heilst und hältst, du tröstest und trägst.
Wir schauen den Menschen ins Angesicht und glauben:

**All Morgen ist ganz frisch und neu ...**

**Vaterunser/Friedensgruß**

**Lied: Erschienen ist der herrlich Tag … (EG 106,1.4.5)**

Segen

In dieser stillen Nacht,
in dieser hellen Nacht,
in jeder Nacht und an jedem Tag
ist Gott mit dir.

So segnet und behütet dich Gott,
der Lebendige,
der Vater, der Sohn und der Heilige Geist.

**Amen, Amen, Amen**

**Orgelnachspiel**

# Alle lebendig: Predigt für Ostersonntag zu 1. Korinther 15,19–26

Deine Weisungen, Gott, sind mein Lied, in diesem Hause, da ich ein Fremdling bin. Amen

Wir hören auf Gottes Wort zum Ostersonntag, aus dem 1. Brief des Paulus an die Korinther, im 15. Kapitel, die Verse 19–26.

Wahrhaftig – kein schöner Gedanke, heute, am Ostermorgen, kein schöner Gedanke, dass wir einen Feind haben. Sie wissen, was ein Feind ist: Ein Feind sitzt hinter der nächsten Ecke, kauert und wartet, dass er uns anspringen kann; ein Feind ist hinterlistig, tut Gift in die Suppe, ein Feind lacht, wenn es uns böse ergeht. Mit einem Feind ist nicht zu spaßen, der hat scharfe Augen, der bleckt die Zähne und stellt uns ein Bein, und wenn wir fallen, ist er selig – feind-selig.

Der Tod ist unser Feind, sagt die Bibel, und recht hat sie: So erleben wir den Tod auch. Plötzlich springt er uns an, wirft er sein graues Tuch über uns und nimmt uns gefangen – oder er begleitet uns, schleicht geifernd und zerstörerisch hinter uns her und stichelt und sticht, bis uns die Kraft erlahmt. Oder aber: Er wartet einfach, wartet an der Schwelle unseres Lebens, wenn die Tage gezählt und unsere Stunde da ist, grinsend empfängt er uns und führt uns in sein dunkles, leeres Reich. Ein böser, böser Feind, der Tod – wer könnte dem entgehen? Denn es gibt Feinde, gegen die vermögen wir nichts, früher oder später überwältigen sie uns – zumal der Tod seine Helfershelfer hat, schlimme Leute, die er sich dingt, um uns nicht zur Ruhe kommen zu lassen: Krankheit, Einsamkeit, Verzweiflung, Streit und Not. Die springen ihm willig bei.

Kein schöner Gedanke, heute, am Ostermorgen, dass wir einen Feind haben. Das kann uns die Frühlingsfreude verderben, das kann uns wohl gar in die Hoffnungslosigkeit stürzen wie in einen Abgrund. Die Freude ist ja schal, wir machen uns mit unserem Osterlachen ja bloß etwas vor, wenn uns am Ende doch der Feind in den Händen hält. Da wir dem nichts entgegenzusetzen vermögen, bleibt schließlich alles ohne Sinn. Der Tod lacht sich ins Fäustchen. Wir hören ihn kichern, durch die Stimmen und Laute unserer Tage hindurch, und werden starr vor Schreck.

Alles hat keinen Sinn – auch unser Glaube nicht, auch unser Christ-Sein nicht, wenn es dem Tod nichts entgegenzusetzen hat. Das weiß Paulus auch: „Hoffen wir allein in diesem Leben auf Christus, so sind wir die elendsten unter allen Menschen!", behauptet er sehr nüchtern. Wenn also unser Glaube nicht mehr ist als die gute Tradition, die sich seit alters bewährt hat, oder die rechte Erziehung, in der ich aufgewachsen bin, oder die anerkannte Moral, nach der zu leben sich schickt, oder eine geistige Haltung, wie sie dem Abendländer gebührt – wenn der christliche Glaube nicht mehr ist als das, dann lässt er uns zuletzt im Stich, wird er Reißaus nehmen, wenn der Tod ihn fordert. Nein, wirklich helfen muss er, dem Feind begegnen muss er und etwas zu sagen haben muss er, das den Tod selber in die Flucht schlägt; das letzte Wort muss er behalten im Streit, unser Glaube.

Tut er das?

Hat unser Glaube etwas gegen den Tod einzuwenden? Fragen wir Paulus, der sollte es ja wissen!

Aber Paulus hat scheinbar nur eine Behauptung für uns: „Nun aber ist Christus auferstanden von den Toten!" Klingt es nicht mehr wie der Trotz eines kleinen Kindes, das mit dem Fuß auf den Boden stampft und ruft: „Und doch ist es so!", oder wenigstens wie ein steiler Satz, der sich angeblich von selbst versteht: „Vogel, friss oder stirb“? Jedenfalls begründet Paulus nichts, und er bleibt den Beweis schuldig.

So ist es ja überhaupt, wenn die Bibel von der Auferstehung spricht: Sie gibt uns einfach nichts in die Hand, das wir anfassen, begreifen könnten. Wir blicken in ein leeres Grab, nichts weiter. Das allein haben die beiden Marias und Salome und nach ihnen die Jünger wirklich gesehen, alles andere können Wunschträume, Halluzinationen oder schlimmstenfalls: Lügen gewesen sein. Bewiesen ist damit nichts.

Warum sperrt sich die Bibel da, warum ist sie so faul, Beweise herbeizuschaffen? Sie erzählt von der Auferstehung, Paulus behauptet sie, aber zu wissen wird uns nichts gegeben. Warum?

Es gibt gute Gründe dafür:

Der eine ist, dass das Ereignis der Auferstehung all unser Begreifen ganz einfach übersteigt, unser menschlicher Horizont ist zu klein, um es zu fassen. Unser Blick bleibt an den nahen Bergen hängen, er scheitert an der Grenze des Todes, und in unseren Nächten sind wir blind. Da müssen wir die Augen geblendet schließen, wenn der Ostermorgen aufstrahlt, zu hell ist das göttliche Licht, weil wir entwöhnt sind. Wir sind solche, von denen Paulus sagt, dass sie „in Adam“ alle sterben müssen – und Adam lebt eben jenseits von Eden, aus dem Paradies vertrieben, mit Gott nicht mehr auf Du und Du. Wir sind den Umgang mit dem lebendigen Gott nicht mehr gewohnt, darum geht seine Lebendigkeit, und davon zeugt die Auferstehung ja, darum geht die Lebendigkeit Gottes über unseren Verstand.

Warum also sollte die Bibel uns etwas zu erklären versuchen, was unsere Sinne sowieso übersteigt. Nein, sie wählt einen anderen Weg, sie beweist nicht, sie erzählt.

Das heißt, sie beginnt eine Geschichte mit uns, und indem sie uns diese Geschichte erzählt, nimmt sie uns mit hinein. Nicht zu wissen brauchen wir, aber erfahren sollen wir; Erfahrungen machen mit dem Auferstandenen.

Und davon weiß sie viel zu sagen: Wie die Frauen ihn sahen und erschraken, aber doch den Mut fanden, den Jüngern zu verkünden, dass Jesus lebe. Wie die Jünger selbst, voller Trauer und Misstrauen, zur Freude fanden und zu der der großen Kraft, in aller Herren Länder zu gehen und den Glauben an Christus zu bezeugen. Wie der Osterglaube beim Leben und Sterben hilft, wie er eine Hoffnung schenkt, die weiterreicht als wir sonst sehen, die ins Paradies hineinreicht, das nun nicht mehr hinter uns, sondern wieder vor uns liegt.

„In Adam“ müssen wir alle sterben, „in Christus“ aber sehen wir über den Tod hinaus. Dann ist das Grab leer, weil Gräber nicht mehr für die Ewigkeit ausgehoben werden; die aber, die Ewigkeit, die ist angefüllt mit Leben und Herrlichkeit, mit Licht und Lebendigkeit, mit der Gegenwart Gottes und der Abwesenheit des Todes. Dorthin geht die Reise unseres Lebens, Jesus hat den Weg gebahnt, hat ihn freigemacht, indem er auferstand. Er ist der „Erstling“, sagt Paulus, der, der vorausgegangen ist, und wir folgen ihm einmal, jeder zu seiner Zeit.

So weit hin ist unser Leben angelegt. Plötzlich ist der Horizont aufgerissen, die Berge, der Tod, begrenzen uns nicht mehr. Wir sehen offenen Auges in den Morgen hinein und was uns bestimmt, ist Hoffnung. Paulus lässt seinen Blick in große Fernen schweifen, über uns Sterben hinaus, hinein in Gottes Reich, noch weit hinter das Ende der Welt. Das ist das Ziel, das ist die Zeit, die uns gelten, so weit können wir schauen, so weit können wir leben.

Und der Tod, was ist aus unserem Feind geworden? Der hat nichts mehr zu melden. Seit Ostern hat Gott also das letzte Wort, und das heißt: „Willkommen im Paradies!“. Der Tod bleibt außen vor. Mehr noch – er muss sich verändern.

Ich glaube, es war Mahatma Gandhi, der einmal gesagt hat, dass man einen Feind nur dann wirklich besiegt habe, wenn man ihn zum Freund gemacht hat. Und das muss er werden, der Tod. Weil er uns nicht mehr schrecken darf, muss er uns dienen; nicht mehr begrenzen darf er uns, vielmehr ist er zum Türsteher geworden, der uns die Pforte zur Ewigkeit auftut. Und letztlich muss er es mit einem freundlichen Lächeln im Angesicht tun, muss er ein Freund sein, der wohl manches beendet: das Leben hier, aber auch alles Leid darin, die Freude hier, aber auch alle Sorge, alle Not. Das beendet er, aber er erschließt uns das weite Land der Ewigkeit, das vor uns liegt, dessen Bürger wir eigentlich sind.

„Hoffen wir allein für dieses Leben auf Christus, so sind wir die elendsten unter allen Menschen." Da wir aber hoffen können, weit darüber hinaus, dürfen wir uns glücklich schätzen.

Und weil wir einen so weiten Horizont haben, weil selbst der Tod freundlich dreinschauen muss, darum kann uns auch das Nahe wieder wertvoll und beglückend sein. Wir müssen nicht um jeden Augenblick fürchten, dass er vergehen könne, unwiederbringlich, wir müssen uns nicht um jeden geliebten Menschen Sorgen machen, dass er auf einmal verloren sein könnte für uns, wir müssen nicht jede Freude ängstlich festhalten – was ja ohnehin nicht gelingt. Nein, nichts ist verloren, niemand geht auf immer, gerade so wenig wie Jesus selbst.

Da wir weit schauen können, ist der Blick frei geworden für das Naheliegende, für heute und hier: für die Sonnenstrahlen am Morgen, für den Ostergesang der Vögel, für das Lächeln des Kindes, für Sehnsucht und Träume. Nun stört kein Feind mehr, und wir können mit Gott und der Welt Freundschaft schließen.

Amen

# Quellenverzeichnis

Alexander Solschenizyn, Der Ulmenstamm, aus: Literarische Auslese, Hg. v. W. Erk, Radius Verlag Stuttgart,1989, S. 154.
Brief an Gustave Fecht, 27. März 1796, in: Johann Peter Hebel, Briefe, ausgewählt und eingeleitet von Wilhelm Zentner, Karlsruhe/Ebenhausen 1976, S. 44.
Nathan Zach, Wie Gras, in: ders., Verlorener Kontinent. Gedichte, Jüdischer Verlag im Suhrkamp Verlag, Berlin 2013, S. 14.